Gustav Häpke

Kritische Beiträge zu Jacques Milet's Drama La Destruction de Troyes la Grant

Gustav Häpke

Kritische Beiträge zu Jacques Milet's Drama La Destruction de Troyes la Grant

ISBN/EAN: 9783743635326

Hergestellt in Europa, USA, Kanada, Australien, Japan

Cover: Foto ©Thomas Meinert / pixelio.de

Weitere Bücher finden Sie auf **www.hansebooks.com**

Meinen lieben Eltern.

Einleitendes.

1] Was wir über das Leben Jacques Milet's, des Dichters der „Destruction de Troye la Grant" wissen, beschränkt sich leider auf sehr dürftige Notizen.

2] Die älteste der uns überlieferten Handschriften [1]) der „Destruction", die ich mit 𝔄 bezeichne, nennt als Verfasser des Dramas: *maistre Jaque Milet estudiant es loys en l'université d'Orleans,* und besagt, dass das Werk begonnen sei *l'an mil quatre cens cinquante le deuxiesme jour du mois de septembre.* Mit diesen Angaben stimmen die Notizen, die sich in der Hs. 𝔅 (Brüssel) und ℭ (Edinburg) finden, überein, ebenso die Eingangsbemerkung der editio princeps vom Jahre 1484. Dieses Datum ist auch von Parfaict[2]), La Croix du Maine,[3]) Hain,[3]) Brunet[5]) Chevalier[6]) und Petit de Julleville[7]) als feststehend angenommen. Vallet de Viriville[8]) dagegen nimmt an, die „Destruction" sei 1452 begonnen und 1454 vollendet. Viriville folgt hierin dem Ms. ℭ, welches am Schlusse des Epilogs, den diese Hs. allein den anderen Hss. gegenüber zeigt[9]) (während ihr eine Eingangsbemerkung fehlt), folgende Notiz aufzuweisen hat: *Et fut faicte et escripte ceste presente epistre par moy dessus nommé compositeur et translateur de l'istoire precedent en l'an mil quatre cens cinquante deux le premier jour des calendes du moys de juing.* Das Datum 1454 entnimmt Viriville der Schlussbemerkung des Dramas selbst, welche lautet: *Explicit*

---

1) Vgl. Beschreibung der Hss.
2) Parfaict, Histoire du Théâtre français. 1735 II 456.
3) La Croix du Maine, Bibl. franç. 1774, I 423 f.
4) Hain, Repertorium bibliogr. III, 11160—6.
5) Brunet, Manuel du Libraire. 1861 II.
6) Chevalier, Rep. des Sources hist. du moyen-âge. Paris 1877—86.
7) Petit de Julleville, Les Mystères. Paris 1880, I. 315 f.
8) Nouvelle biographie générale. 1861, XXXV, 508—10.
9) Der Epilog findet sich im Anhang abgedruckt.

l'istoire[1]) — — *faicte et escripte finablement le XV⁰ jour du moys d'octobre L'an mil IVCLXIIII*. Viriville meint, diese Notiz rühre von MILET her, der Copist habe aber fälschlich statt 1454 als Datum 1464 geschrieben. Es liegt jedoch auf der Hand, dass 1464 lediglich die Abfassungszeit des Ms. ℭ, nicht aber die des Originals repräsentiert, dass also schon aus dem Grunde Viriville's Behauptung unhaltbar ist. Zudem hat aber auch Viriville ganz übersehen, dass im Epilog des Ms. ℭ angeführt wird, dass drei Männer bezeugen können, der Autor habe sein Werk begonnen *le deuxsiesme jour de septembre l'an mil quatre cens cinquante deux*. Viriville hat also nicht beachtet, dass die Angaben des Ms. ℭ untereinander in Widerspruch stehn, da, wenn Milet die „Destruction" am 2. Sept. 1452 begonnen hat, er die *epistre epillogathre (oire?)* nicht wohl am 1. Juni 1452 geschrieben haben kann. Es ist klar, dass die Notiz des Epilogs, das Drama sei 1452 begonnen, in der Jahreszahl fehlerhaft ist — Tag und Monat stimmen ja mit den Angaben der anderen Hss. überein —, dass hier der Copist fälschlich 1452 statt 1450 geschrieben hat. Milet hat also sein Hauptwerk, die „Destruction", 1450 begonnen und den Epilog dazu 1452 vollendet.

3] Der Titel *maistre*, der Milet beigelegt ist, besagt, dass Milet *maistre ès arts* gewesen ist, ein Titel, der erst nach bestandenem *examen de licence*, meist noch in demselben Jahre, durch die älteren „maistres ès arts" verliehen wurde.[2]) Um die „licence" zu erhalten, musste der Kandidat unter anderem eidlich versichern, unverheiratet und mindestens 21 Jahre alt zu sein. Da Milet 1450 „maistre ès arts" war, so kann er schon aus dem Grunde nicht nach 1429 geboren sein. Andrerseits ist Milet's Geburtsjahr nicht viel früher anzusetzen, da von seinen Zeitgenossen bezeugt wird, dass er als Jüngling seine Dichtungen verfasst habe. So wird denn allgemein, wenn auch ohne obige Begründung, angenommen, dass der Dichter ca. 1425 ge-

---

1) Wenn Petit de Julleville (Hist. de la Langue et de la Litt. fr. T. II, Paris, 1896, p. 407) angiebt: *Le terme* (d. h. mystère) *alors* (d. h. nach 1450) *s'appliqua même à des pièces qui n'avaient rien de religieux ‹comme le mystère du siège d'Orléans ou le mystère de la destruction de Troie›*, so trifft das für die Destruction de Troie ebenso wenig zu wie für das anonyme „Jeu saint Loys, roy de France" (Vgl. Otto, Kritische Studie über das anonyme Jeu Saint Loys, roy de France. Diss. Greifswald 1897, pag. 4, § 8). Weder in den Handschriften, noch in den mir bekannten Drucken findet sich jemals die Bezeichnung „mystère" für unser Drama angewandt.

2) Vgl. Thurot, De l'organisation de l'enseignement de l'université de Paris, Paris 1850 pag. 50 ff.

boren sei. Als Todesjahr Milet's steht 1466 fest. Dieses Datum wird uns durch das Gedicht, das SIMON GREBAN zu Ehren des verstorbenen Jacques Milet verfasst hat, verbürgt, ebenso wie die Angabe, dass Milet in Paris gestorben ist. Die betreffende Stelle bei S. Greban lautet:

„Cy gist maistre Jacques Millet „Qui par le regard basilique
„Notable homme et scientifique „Dela mort fut rendu transiz
„Lequel famé entre mil est „A Paris, la ville autentique
„Filz a ornee Rethorique „Mil quatre cens soixante et six.

(Man vgl. hierzu PIAGET's trefflichen Artikel „Simon Greban et Jacques Millet", Romania, XXII, pag. 230 ff.)

4] Der Geburtsort Milet's ist unbekannt. Wenn PETIT DE JULLEVILLE[1]) schreibt, Milet sei zweifelsohne in Paris geboren, so ist das eine ganz unerwiesene Behauptung. Milet's Sprache zeigt jedenfalls einige ostfranzösche Sprachformen[2]). Also kann aus der Thatsache, dass Milet in Paris studiert hat und auch dort gestorben ist, noch nicht geschlossen werden, dass er auch in Paris geboren sein müsse. Ebenso ist JULLEVILLE's Behauptung, Milet stamme aus guter Bürgerfamilie, als reine Hypothese aufzufassen.

5] Ausser der „Destruction de Troye la Grant", die seinen Ruhm begründete, verfasste Milet noch ein „Epitaph" zu Ehren von Agnes Sorel (vgl. VALLET D. VIRIVILLE) und den „Jardin de Tristesse", eine Dichtung von etwa 5000 Versen, die bis vor kurzem als verloren galt. Es ist PIAGET's Verdienst (cf. obenerwähnte Artikel), nachgewiesen zu haben, dass der „Jardin de Tristesse" identisch sein müsse mit einem Teil des „Jardin de Plaisance et Fleur de Rhétorique" (édition VERARD ff$_{os}$ CCIV—CCXXIV v°). „Comment l'amant yssant du Jardin de Plaisance entra en la Forest cuydant avoir plus de joye et il entra en Tristesse en plusieurs facons." Wir erfahren in den ersten Strophen der Dichtung, dass dieselbe zu Ehren einer „gente Dame" im Jahre 1459 verfasst sei. (Vgl. hierzu noch STENGEL's Bemerkung in VOLLMÖLLER's Jahresbericht III, Heft 2 (Mittelalterliches Drama) S. 133).

6] Milet hat für seine kühne That, zu einer Zeit, wo noch Mystères und Moralités den Geschmack des französischen Volkes beherrschten, das klassische Altertum wiederzuerwecken und die Thaten der Helden des trojanischen Krieges dem Publikum vorzuführen, hohen Ruhm bei seinen Zeitgenossen

---

1) Mystères, I 315 f.
2) Diese ostfranzösischen Sprachformen sind: *ie* st. *iée* cf. § 43, *fieulx* statt *filz* cf. § 46, *t'* statt *tu* cf. § 55, *no, vo* statt *nostre, vostre*. cf. § 53.

geerntet. OCTAVIEN DE SAINT-GELAIS, ROBERTET, CRETIN, BOUCHET, LE MAIRE DES BELGES ehren ihn, indem sie ihn an die Seite der gefeiertsten Dichter seiner Zeit stellen. SIMON GREBAN verfasst sogar auf seinen Tod eine „Complaincte". Auch die grosse Zahl der Handschriften und alten Drucke beweisen die Beliebtheit der „Destruction" und zeugen von Milet's Ruhm.[1])

7] Die „Destruction de Troye" ist schon wiederholt Gegenstand von Untersuchungen gewesen. Bereits 1868 erschien eine Dissertation über das Drama von C. WUNDER (Über Jacques Milets Destruction de Troye la Grant, Leipzig). Wunder giebt im wesentlichen nur eine Inhaltsangabe, eine nicht sehr tiefgehende Charakterisierung der Personen und Sprache, und stellt zum Schluss einige Hypothesen über die Inszenierung des Dramas auf. Im Gegensatz zu Julleville, der zur Annahme neigt (M. II 371), das Drama sei einmal wegen seines Umfanges, andererseits wegen des Stoffes, der sicherlich nicht den an Heiligenlegenden gewöhnten Geschmack des damaligen Publikums behagt habe, niemals aufgeführt worden, nimmt Wunder an, dass die „Destruction" auch Aufführungen erlebt habe. Er giebt indessen für seine Ansicht nur an: Die Brüder PARFAICT hätten in ihrem „Théâtre françois" Milet's Werk erwähnt und sie hätten versprochen, nur solche Stücke aufzunehmen, die wirklich aufgeführt worden wären. Ein direktes Zeugnis dafür, dass der „Siège de Troie" aufgeführt ist, giebt indes FABER durch die Notiz *En décembre 1472 plusieurs compagnons formant la Société de Coeurs joyeux*

---

[1]) Es hat sogar den Anschein, dass Milet vorbildlich gewirkt hat. Bei den Vermählungsfeierlichkeiten zu Ehren Herzog Karls von Burgund und Margarethes von York im Jahre 1468, die in den Memoires Ollivier's de La Marche p. 345 ff. (Appendix zur „Chronique de Flandres", Lyon 1561) beschrieben sind, wurden eine Reihe von „Histoires" aufgeführt, von denen die zweite als Titel zeigt: „Comment fut donnee eu mariage Cleopatra au roy Alexandre." Des weiteren wurden bei einem der Gastmähler die 12 Arbeiten des Hercules mimisch dargestellt; zur Erläuterung wurde bei jedem Tableau *„certain escrit de certaines lignes"* ausgehängt. Es enthielt eine Beschreibung des Vorgeführten in einer 10zeile von Alexandrinern. Da Milet im Drama zuerst wieder den Alexandriner prinzipiell verwandt hat, da er der erste und damals einzige war, der einen Stoff des klassischen Altertums dramatisch bearbeitet hat, obige Feierlichkeiten aber zu einer Zeit stattfanden, wo zahlreiche Hss. sein Drama überall bekannt machten, so geht man in der Annahme wohl nicht fehl, dass die erwähnten lebenden Bilder unter Milet's Einfluss entstanden sind. Vielleicht ist auch noch die Erwähnung der Exione (die bei Milet eine grosse Rolle spielt) in der 3. Arbeit des Hercules bei dieser Erwägung von Bedeutung.

requièrent des consaux la permission „de jouer en chambre" pendant les fêtes de Noël l'histoire du siège de Troie (Tournai).[1]) Im übrigen hat Wunder bereits richtig erkannt, dass Milet's Quelle GUIDO DE COLONNA gewesen sein müsse, während Julleville, der überhaupt Wunders Arbeit nicht kennt, noch annimmt, Milet habe direkt aus DARES und DICTYS geschöpft, nebenbei aber auch noch HOMER verwertet.[2]) Julleville hat, wie es scheint, diese Annahme lediglich dem Epilog der Hs. ℭ der „Destruction" entnommen, wo der Dichter allerdings DARES und DICTYS als seine Quellen angiebt. Auf derartige Angaben, selbst wenn sie wie hier vom Autor selbst stammen, ist aber gar kein Verlass, wie WILHELM GREIF (Die mittelalterlichen Bearbeitungen der Trojanersage, ein neuer Beitrag zur Dares- und Dictysfrage, Ausg. und Abh. LXI, Marburg 1886, pag. 13, § 19) nachgewiesen hat. Liegt auch bis jetzt noch keine Spezialuntersuchung über die Quellenfrage der „Destruction" vor, so habe ich mich doch durch eine summarische Untersuchung davon überzeugt, dass an Wunders und Greifs Ansicht festzuhalten ist, unser Drama gehe direkt auf G. de Colonna zurück, ja dass die Anlehnung eine sehr enge ist.

8] Eine sprachliche Untersuchung über die „Destruction" stammt von C. BECKER. (Die Mysterien Le Siège d'Orléans und La Destruction de Troye la Grant. Diss. Marburg 1886). Becker weist die Behauptung TIVIERS[3]), der „Siège d'Orléans" und die „Destruction de Troye" müssten von demselben Verfasser stammen, auf Grund der sprachlichen Differenzen beider Dramen als unzutreffend zurück.[4])

---

1) F a b e r, Hist. du theâtre fr. en Belgique. Brüssel. 1878. I. 13.
2) In der grossen unter Jullevilles Leitung erscheinenden „Hist. de la Langue et de la Litt. fr." T. I Paris 1896 (Vgl. Stengels Bespr. in d. Zs. f. frz. Spr. u. Litt. XIX² S. 7) behauptet Constans dagegen, Milet folge „assez regulièrement" Benoit's De S. More poetischer Bearbeitung. Bekanntlich hat aber diese nur die Vorlage Guido's De Colonna gebildet.
3) H. T i v i e r, Etude sur le mystère du siège d'Orléans et sur J. Milet, auteur présumé de ce mystère, P. 1868.
4) B e c k e r s Arbeit ist vielfach ungenau, ja fehlerhaft. Seinen Untersuchungen über die „Destruction" (𝔗) liegt der Dresdener Druck (vgl. weiter unten) zu Grunde. Da Becker erkannte, dass der Druck schon bedeutend entstellt sein müsse, hat er mit Hülfe der Mss. 𝔄, ℭ und einer jüngeren Pariser Hs. [f. fr. 1625] eine Reihe von Textverbesserungen vorgeschlagen. Dieselben sind nicht immer zutreffend und jedenfalls vollkommen unzureichend. Des weiteren sind ihm bei der Reimgrammatik eine grosse Zahl von Unrichtigkeiten untergelaufen (Besonders fühlbar ist der Mangel an Belegstellen und die Fehlerhaftigkeit der Ziffernangaben. Auf Einzelheiten werde ich noch im Vorlauf meiner

9] Über die Auffassung der Antike bei J. Milet handelt die Schrift von E. MEYBRINCK („Die Auffassung der Antike bei J. Milet, G. de Colonna und Benoît de Ste More, Marburg 1886. Ausg. und Abh. LIV). Mit Recht hebt Meybrinck hervor, dass Milet das Bestreben gehabt habe, Darstellungen antiken Kulturlebens zu geben, dass sich dieses Bestreben besonders bei der Behandlung religiöser Bräuche bemerkbar mache. Er tritt hiermit in Gegensatz zu Wunder, welcher meint, die religiösen Bräuche erinnerten mehr an den Kultus der Zeit Milet's als an die Götterverehrung der Griechen. Auch wird von Meybrinck der litterarhistorische Wert der „Destruction" mit Recht sehr hoch angeschlagen, während JOLY[1]), PARFAICT und WUNDER ihn dem Werke abzusprechen suchen.

10] Die einzige Neuausgabe der „Destruction de Troye" ist von STENGEL[2]) besorgt. Dieselbe basiert auf dem ältesten, im Jahre 1484 erschienenen Druck (ein Exemplar befindlich auf der königlichen Bibliothek zu Dresden). Die Ausgabe Stengel's ist nur eine autographische Vervielfältigung dieser editio princeps. Obgleich zwischen dem Erscheinen des für die Neuausgabe benutzten Dresdener Druckes und der Fertigstellung des Originals nur ein Zeitraum von 32 Jahren liegt, ist doch, wie sich alsbald durch eine Vergleichung des Druckes mit den ältesten Handschriften herausgestellt hat, der von der editio princeps repräsentierte Text ein bereits ausserordentlich entstellter.

11] In vorliegender Arbeit nun habe ich mich der Aufgabe unterzogen, die Varianten der ältesten Hss. zu sammeln, um mit ihrer Hülfe den Text des Originals thunlichst herzustellen. Der gewaltige Umfang der Dichtung — dieselbe zählt im Neudruck 27984 Verse — machte es mir leider unmöglich, in vorliegender Untersuchung bereits die ganze Dichtung in den Kreis meiner Untersuchungen zu ziehen. So habe ich mich mit der Restituierung des ersten Teiles, d. h. bis zum Ende der zweiten „journee" (Vers 14279) begnügen müssen. Ich glaubte an dieser Stelle um so eher abbrechen zu können,

---

Arbeit zu sprechen kommen). Eine Kritik Beckers, soweit seine Untersuchungen den „Siège d'Orléans" (O) betreffen, giebt Hanebuth (Über die hauptsächlichsten Jeanne d'Arc-Dichtungen des 15., 16. und 17. Jahrhunderts. Diss. Marburg 1893). Hanebuth hat Becker auch für O eine Reihe von Fehlern nachgewiesen.

1) Joly, Benoit de Ste More et le Roman de Troie. Paris 1870.
2) L'istoire de la Destr. de Troye la Grant — par Maistre Jacques Milet. Marburg und Paris 1883.

als die Edinburger Hs., die ich nach einer von Dr. GREIF angefertigten, Prof. STENGEL gehörigen Abschrift bei meinen Untersuchungen mit verwerten konnte, nur bis hierher den Text des Dramas überliefert hat.

12] Die Textverbesserungen, die sich mit Hülfe des Variantenapparats gewinnen lassen, werden aber nur den 2. Teil meiner Arbeit ausmachen. Im ersten Teil werde ich die Textentstellungen der editio princeps nach gemeinsamen Gesichtspunkten zusammenfassen und untersuchen, ob und welche Gründe für den Drucker zu seinen textlichen Änderungen vorgelegen haben. Diese Untersuchungen werden, abgesehen davon, dass sie einen Beitrag zur Sprachgeschichte des 15. Jahrhunderts liefern, vielleicht für die Beurteilung von textlichen Entstellungen überhaupt von einigem Werte sein. Denn die Textentstellungen des Dresdener Druckes gewinnen dadurch besonderes Interesse, dass sowohl die Entstehungszeit des Originals, wie die der besten Hss. und des Druckes zweifellos feststehen, dass es hier einen Druck zu verbessern gilt, der nur 32 Jahre nach Abfassung des Originals erschien. Die Besprechung der Varianten im 1. Teil begründet zugleich meine Textverbesserungs-Vorschläge in Teil II.

Die Hss. der Destruction de Troye.[1])

13] Den Untersuchungen vorliegender Arbeit habe ich folgende Hss. zu Grunde gelegt:

[1]   𝔄 = Paris Bibl. nat. F. fr. No. 24333. in Fol. papier., 204 Blätter, das Blatt zu 4 Spalten, die Spalte zu etwa 40 Zeilen (doch schwankt die Zeilenzahl beträchtlich wegen der szenischen Bemerkungen), Blatt 46 ist fast ganz herausgerissen. Vor dem Prolog ein Personenverzeichnis (Blatt 6 und 7). Blatt 5 zeigt die Eingangsworte: *Ci sensuit l'istoire de la destruction de troye la grant translatee du latin en francois mise par personnages composee par maistre Jaque Milet estudiant es loys en l'université d'orleans commencee l'an mil quatre cens cinquante le II*[e] *jour du moys de septembre.* Bl. 209 r° zeigt die Schlussworte: *Explicit la destruction de troye la grant de la*

---

1) Eine Beschreibung des Pariser Hss. findet sich schon bei Julleville Mystères II, 596, woselbst auch ℭ und 𝔇 erwähnt werden. Auch Viriville thut der Pariser Hss. Erwähnung.

main messire Jehan Geneviere l'an mil IIII CLIX *le* XXVIII° *jour de septembre. Geneviere.*
Die Schrift ist deutlich, steil und fest; die I-striche sind inkonsequent gesetzt. Die szenischen Bemerkungen (rot unterstrichen) sind französisch.

[2] 𝔅 = Brüssel, Bibl. roy. No. 10194, Papierhs., 549 Blätter, das Blatt zu 2 Spalten, die Spalte zu durchschnittlich 25 Zeilen. Leer sind 82 v⁰ und 83 r⁰ (jedenfalls aus Versehen) und 144 v⁰. (Hier die Bemerkung: *Ceste parge est condempree (!) par inadvertance et mal aduis*). Die Hs. zeigt zahlreiche Wurmlöcher. Sie rührt von 2 Copisten her; der zweite setzt 200 v⁰, Zeile 4 ein. *Copist 1*: Schrift klein, deutlich, verschnörkelt, wird immer nachlässiger und grösser. Grosse Anfangsbuchstaben willkürlich gesetzt, regelmässig nur zu Beginn einer neuen Rede. I-Striche häufig, doch nicht regelmässig. *Copist 2*: Schrift klein, steil, deutlich, sauber (ohne Schnörkel), behält ihre anfängliche Güte. I-Striche fehlen. Jeder Vers beginnt mit grossem Anfangsbuchstaben.
Schlussbemerkung: *Explicit l'istoire de la destruction de troye la grant. Explicit. C'est le livre de la destruction de troye. Lequel est a monseigneur charles de croy comte de chimay. charles.* Szenische Bemerkungen: französich.

[3] ℭ = Paris, Bibl. nat. F fr. No. 1626 in Fol. Papier 214 Blätter, das Blatt zu 4 Spalten, die Spalte zu cᵃ. 40 Zeilen. Eingangsbemerkung fehlt. Für die Schlussworte cf. § 1. Blatt 211 ff. zeigt eine *Epistre adjacent et epillogative (-oire?)* (siehe Anhang).
Schrift: klein, fest, verschnörkelt. I-Striche inkonsequent gesetzt. Szenische Bemerkungen (häufig rot unterstrichen): erst französ., dann lateinisch.

[4] 𝔈 = Edinburg, Advocates Library N. 19. 1. 9, Papiercodex, gebunden mit Goldschnitt. Hs. sehr lückenhaft, bricht ab mit der 2. journee. Das Exemplar ist falsch gebunden, derartig, dass Vers 10079—11102 nach Vers 12607 zu stehen gekommen sind, so dass Vers 10079 bis 11102 auf Blatt 287 r⁰ bis 310 v⁰, 11103—12607 auf Blatt 153 r⁰ bis 286 v⁰ stehen. Blattzählung modern, unten. Szenische Bemerkungen lateinisch, sehr spärlich. Eingangsbemerkung wie in 𝔄.

14] Die (5.) Hs. Oxford (𝔇) Bodl. Libr., Douce 356, aus dem Jahre 1461, habe ich leider zu meiner Arbeit nicht heranziehen können; doch glaube ich nicht, dass das von mir gewonnene Resultat wesentlich durch O modifiziert werden könnte. Einige Proben aus der Hs. verdanke ich der Freundlichkeit des Herrn stud. phil. UERKVITZ, der für mich eine Kollation des Prologs und eine Kopie der Verse 4731—4921 (d. h. der in 𝔄 befindlichen Lücke) anfertigte. Für seine Bemühungen sage ich ihm auch an dieser Stelle meinen besten Dank.

15] Ausser diesen, von mir benutzten Hss. sind noch folgende Mss. der „Destruction" bekannt geworden:
3 weitere Hss. in der Bibl. nat. Paris:
    [6] F. fr. 1415.
    [7] F. fr. 1625.
    [8] F. fr. 12601.
Ferner
    [9] No. 144 d. Bibl. Méjanes, Aix en Prov. (Mehrere Blätter fehlen).
    [10] No. 177 der Bibl. Genf.
    [11] No. 3658 der Bibl. des verstorbenen Sir TH. PHILIPPS in Cheltenham.
    [12] No. 1079 des Catalogue des Livres du baron J. DE ROTHSCHILD (A. II, S. 216) vom Jahre 1472.
Im Katal. ROTHSCHILD S. 17 werden noch weitere Mss., die in alten Katalogen erwähnt werden, angeführt, sowie 10 alte Ausgaben.

16] Eine Aufzählung der alten Ausgaben findet sich auch in GRÄSSE (Trésor des livres rares 1861, II 374 f.), bei BRUNET (Manuel du Litraire 1861, II, pag. 658) und PETIT DE JULLEVILLE (Mystères II, 570).

[17] Von der editio princeps (𝔇), deren Textentstellungen der Gegenstand meiner Untersuchungen sind, finden sich Beschreibungen bei C. WUNDER (pag. 3) und in der Einleitung zu STENGEL's Neuausgabe.

Das Verhältnis der Hss. zu einander.[1])

18] Jede der benutzten Hss. hat eine grosse Zahl von individuellen Fehlern und Lesarten aufzuweisen. Keine der Hss. ist daher als Vorlage einer anderen zu betrachten.

---

1) Ich verweise auf Teil I vorliegender Arbeit, wo die hier in Frage kommenden Varianten eine eingehende Besprechung erfahren werden.

19] BD gehen auf eine gemeinsame, bereits stark entstellte Vorlage zurück: Die gemeinsamen, von den anderen Hss. abweichenden Lesarten sind ungemein zahlreich. Besonders charakteristisch für beide Texte ist das gemeinsame Fehlen von 7216 a—m, 7220 a—d, 7839 a, 7840 a—d, jedesmal Zerstörung eines Rondels; ferner der Verse 1270 a, 6738 a, 8748 a und b, 10070 a, 12051 a—h, 10584 a—d. Eine gemeinsame Interpolation findet sich in Vers 7621. — Indessen kann weder B die Vorlage von D gewesen sein, noch umgekehrt, denn jeder der beiden Texte hat eine grosse Zahl individueller Fehler aufzuweisen. Nur in B fehlen z. B. die Verse P. 39—40, 1168, 1237—38, 1271, 1310, 1565, 1738, 1793, 1806—7, 1959, 2430, 2437, 2455, 2545, 2726—31; nur in D z. B. 2167a, 2180a, 3611a und b, 7224a—d, 12385a—d, 12409a—f, 13115a.

20] E hat aus derselben Quelle geschöpft wie D. Gemeinsame (fehlerhafte) Lesarten DE gegenüber ABC sind sehr zahlreich; z. B. 963, 993, 1222, 1603, 1925, 1977, 2163, 2881, 3007, 3304, 3480, 3992, 8748a b, 3395, 3397 u. s. w. (cf. Teil II). Eine DE gemeinsame Lücke findet sich nach Vers 538. — Die sehr seltenen gemeinschaftlichen Lesarten BE gegen ACD (201: *de vostre* statt *vostre grant*, 256 *entendez* statt *attendez*, 3303 *cebree* statt *celebree*, 10202 *ace* statt *ainsi*) können auf Zufall beruhen. — BDE haben häufig gemeinsame Lesarten aufzuweisen, z. B. 506, 527, 537, 551, 629, 660, 663, 676, 776, 802, 1143, 1378, u. s. w.; gemeinsame Lücken BDE finden sich 775a, 7239a m, 6783a—h. — E scheint indes noch weitere, auf A und C zurückgehende Vorlagen benutzt zu haben. Dafür sprechen einmal die sehr zahlreichen gemeinsamen Lesarten ACE gegenüber BD; z. B. 4340, 4452, 5096, 5997, 6162, 6641, 6764, 6912, 6903, 6919, 6998, 7216a—m, 7220a—d, 10251a—h u. s. w. Denn offenbare Fehler BD (wie es die meisten der angeführten Fälle sind) müssten sich auch in E finden. Des weiteren sind gleichartige, fehlerhafte Varianten CE vorhanden: 419, 1001, 4032, 5908, 9622. Nach 9748 zeigen beide Hss. zwei Pluszeilen. Besonders aber ist in dieser Frage die Rede des Troillus (12314—77) zu beachten. AC und D haben an der fraglichen Stelle acht Strophen aufzuweisen. Der Text in D weicht von dem Text AC dadurch ab, dass die 6. Strophe AC getilgt und nach der 4. Strophe eine neue eingeschoben ist, sodann dass die 3. und 4. Strophe ihren Platz vertauscht haben. E hat hier nun 9 Strophen aufzuweisen, d. h. sowohl die Strophe, die AC, wie die Strophe, die D eigentümlich ist. Was die Reihenfolge der Strophen anlangt, so ist hierin E den Hss. AC gefolgt. (In B fehlen sowohl die Strophe ACE, wie die Strophe DE; Reihenfolge B = AC). — Die Annahme, dass E die Vorlage einer anderen Hs. gebildet habe, ist schon durch das gänzliche Fehlen des zweiten Teiles des Dramas (Vers 14279 - 27984) in E ausgeschlossen. Von den sehr zahlreichen Lücken im 1. Teil von E sei hier erwähnt das Fehlen der Verse 11—54, 1240—41, 1759—60, 2230—37, 2544, 3273—75, 3350, 3505, 3908—10, 3950, 4186—93, 4199, 4211—16, 4221, 4223—24, 4227—29, 4249, 4274—77, 4364, 4447, 4649, 4729—30, 4988—89.

21] C steht dem Originale weit näher als BDE; doch muss C aus einer Quelle geschöpft haben, auf die sich auch BDE zurückführen lassen. Gemeinsame Fehler BCE 9817—23, 6972—79 (A und D haben hier individuelle Lesarten). Gemeinsame Fehler BCDE 9751—54 (2 Verse BCE = D; 2 Verse BCE fehlen), Lücke 6732 a - d. — C hat nicht die Vorlage von BDE gebildet; in C allein fehlen z. B. die Verse 791—93, 2068, 2305, 2486—89, 2727—29, 4369—84, 5152, 5475—86. Interpolationen zeigt C allein nach 3813, 3858, 10408, 10457.

22] Gemeinsame Fehler von A mit einem der anderen Texte sind sehr selten. In allen diesen Fällen werden wir es wohl mit einem zufälligen Zusammengehen der Hss. zu thun haben. (Diese Fehler sind P. 114 *verdoyent* ADE statt *verdoioyent* BD — 286 *Anthenor* AC statt *Anchises* BDE — 13698 *instructions* AB statt *instructations* DE (C isoliert). Über diese Variante cf. § 201. Dass A nicht Vorlage für BDCE gewesen ist, das beweisen die vielen individuellen Lesarten A gegenüber BCDE; z. B. P. 33, P. 35, P. 107, P. 131, P. 184, P. 194, P. 201, P. 234, P. 319. 91, 190, 271, 28 8, 317, 342, 400, 409, 471, 529 u. s. w.

23] Das Verwandschaftsverhältnis der von mir benutzten Hss. und von D würde sich nach diesen Ausführungen folgendermassen gestalten. A steht dem Original (o) am nächsten. BCDE gehen nicht auf A sondern auf einen zweiten, selbstständigen Ausfluss des Originals (r) zurück. Der Text von r findet sich am treuesten in C bewahrt. Ausser C stammt die BCD gemeinsame Vorlage η von r ab. Aus r ist einerseits die DE gemeinsame Vorlage z geflossen, andrerseits B. E liegt nicht nur die Vorlage z, sondern noch je eine auf A und C zurückführende Vorlage zu Grunde.

Demgemäss würde sich der Stammbaum der Hss. ABCE und von D etwa durchfolgende Figur wiedergeben lassen:

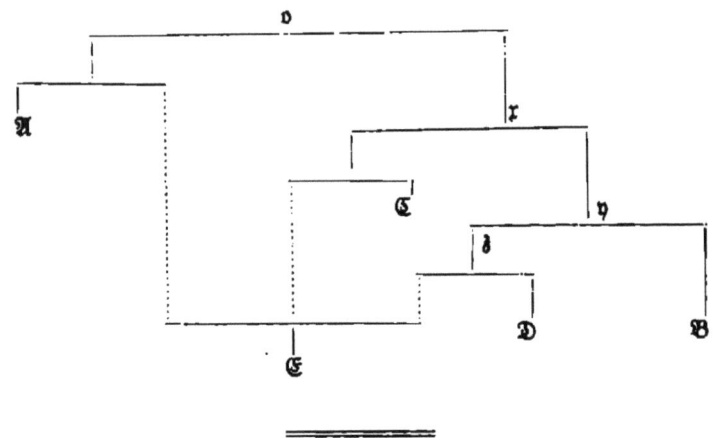

Teil I: Die Textenstellungen der editio princeps.

Zur Lautlehre.

e zwischen Konsonanten.

24] Vortoniges altfranzösisches *e* ist vom Dichter meist behauptet; nur wenige Fälle sind zu verzeichnen, wo es getilgt ist. 𝔇 schiebt auch dann durchweg das *e* wieder ein. 1422 ist *peril* 𝔇 durch *pril* zu ersetzen, da 𝔇 eine Plussilbe aufzuweisen hat. — Ebenso ist 5587 *pril* und *et en adversité* statt *en adversité* zu lesen. — Nicht so sicher ist, ob wir 1549 mit 𝔄 *vrité* oder mit 𝔅ℭ𝔇𝔈 *verité* zu lesen haben, da 𝔅ℭ𝔇𝔈 den in 𝔄 befindlichen Hiat vermeiden. Der Hiat ist indes bei Milet sehr häufig geduldet [cf. § 183]. Da ausserdem 5151 *vrité* durch Hss. und 𝔇 verbürgt ist, so wird auch 1549 die seltenere Form im Originale gestanden haben. — Des weiteren ist 5457 *flaterie* 𝔇 durch *flatrie* und *a plain* durch *plainement* zu ersetzen. — 5106 ist *pierrerie* in *pierrie* zu bessern und ein *tres* (vor *fin*) einzuschieben. — Zweimal haben wir *orfavrie* statt *orfaverie* zu lesen: 7869, wo 𝔇 eine Plussilbe aufweist, und 4560, wo 𝔇 das unentbehrliche *a* fortlässt.

25] 4504 ist *arrester* 𝔇 in *arster* 𝔄𝔅 zu verbessern (𝔇 zeigt eine Plussilbe) — desgleichen 4500, wo 𝔄 allein die kontrahierte Form bewahrt hat, während ℭ *tarder*, 𝔈 *rester* einsetzen, 𝔅 den Vers total ändert.

26] In einer Anzahl Futurformen fehlt bei Milet, wie in vielen Texten des 15. Jh., abweichend sowohl vom afr. wie vom nfr. Sprachgebrauch der Ableitungsvokal. D schiebt ihn zu wiederholten Malen ein. 7441 lautet in D fehlerhaft *Aiderons fournir sa guerre*. Nach A ist zu lesen: *Lui aidrons a f. s. g.* A wird durch B gestützt, da B schreibt: *Nous l'aidrons*. (9200 bietet übrigens auch D *Et aidront a fournir l'armee*). — 6446 ist zu lesen *Qui cuildront* AB statt *Qui cuilderont* D. — 8563 *Que jamais ne les assegrons* A statt *Que point ne le assiegerons* D. 1214 ist *frapperay* in *frappray* — 1230 *manderay* in *mandray* — 2039 *garderay* in *gardray* zu verbessern. In den drei letzten Fällen trifft D keine Änderung und verstösst somit gegen die richtige Silbenzahl.

27] Bei den auf *n* und *r* ausgehenden Verbalstämmen fehlt das *e* meist auch bei D, z. B. 8616 *Roy Cediron, ces six menront* ABCDE, 8624 *La tierce bataille menray* ABCDE. Nur selten ist von D ein *e* eingeschoben, so 7223 *demourerons* statt *demourrons* ABCE. — 716 *pardonnera* statt *pardonra* ABC — 13017 *meneront* statt *menrront* ABC. (Nach AC muss der Vers mit einem *Si* beginnen.) — Dass aber auch Milet in einzelnen derartigen Fällen den Ableitungsvokal bereits wieder bietet, möge Vers 3891 beweisen; *Je meneray avec moy mon beau filz* ABCDE.

28] Nach Muta cum Liquida ist der Schwund des *e* bei Milet oft, aber doch nicht durchweg zu beobachten. D fügt es in solchen Fällen öfter wieder ein, so 4613 *Si vous conterai*¹) statt *Je vous racomptray* ABCE — 6328 *Raconteray* D statt *Vous racomptray* AC. — 13070 *Vous et moy conterons* D statt *Mais vous et moy comptrons* AC. — Nicht so klar ist die Variante 7591, wo D für *arrestray* ein *arteray* einsetzt, da wir § 25 gesehen haben, dass in zwei Fällen *arster* statt *arrester* zu lesen ist.

Vortoniger Vokal unmittelbar vor dem Tonvokal.

29] **e vor e.** In der 2. Pluralis der Verba *croire* und *veoir*, deren Pluralformen sich nach A bei Milet noch nicht an die stammbetonten Formen angeglichen haben, hat *e* meist seine syllabische Geltung bewahrt.²) 11720 hingegen muss

---

1) Dass D hier nicht etwa das *e* eingeschoben hat, um *raconter* in *conter* verwandeln zu können, ergeben die zahlreichen Fälle, in denen D umgekehrt *conter* in *raconter* verwandelt.
2) Die anderen Hss. und D meiden durchweg die organische Form.

nach 𝔄 lauten: *Mais crez aussi que je vouldroie.* Die anderen Hss. und 𝔇 meiden die Form: 𝔅ℭ schreiben *croyez* (mit Plussilbe), ℭ bietet *Mais croyez aussi que je vouldroie,* während 𝔇 ändert: *Mais certes aussi je vouldroye.* — Desgleichen haben wir 8356 mit 𝔄 zu lesen: *Mais crez que pas n'est acceptable* statt *Croyez que pas n'est acceptable* 𝔇ℭ und *Croyez qu'il* ... ℭ. — Nur in einem Falle[1]) zeigt auch 𝔇 die Form *veez,* vermutlich aber nur um v͡eez lesen zu können. Der Vers lautet in 𝔇: *Vous v͡eez venir noz ennemis* statt *Voyez* (resp. *v͡eez* 𝔄) *venir voz ennemis.*

30] In *deesse* behauptet das vortonige *e* stets seinen syllabischen Wert, cf. 1542: *De Venus deëse de joye* 𝔄𝔅ℭ𝔇𝔈, ebenso 1554: *Les deësses sont assamblees* 𝔄𝔅ℭ𝔇𝔈. Daher haben wir 2405 mit 𝔄 zu lesen *A la d̈eesse citharee* statt *A la d͡eesse de citharee* 𝔇.

31] **e vor dumpfem Vokal** ist in den meisten Fällen verstummt; z. B. 1781 *Que de vous ve͡oir mes beaulx enffans* 𝔄𝔅ℭ𝔇𝔈, 1943 *Il semble a ve͡oir qu'elle se desespere* 𝔄𝔅ℭ𝔇𝔈.

32] Doch sind auch die Fälle, wo es silbenbildend ist, ziemlich zahlreich, cf. P. 157 *Mais n̈eantmoins tres bien je scay* 𝔄𝔅ℭ𝔇𝔈, 9371 *N̈eantmoins je m'y emploieray* 𝔄𝔅ℭ𝔇𝔈, 1565 *Et que vëoir je les vouloie* 𝔄𝔅ℭ𝔇𝔈.

33] 𝔇 vermeidet gern den Hiat, indem z. B. 4179 (*Que de moy*) *trouver et vëoir* in *trouver et de voir* geändert wird — ebenso 13459 *Car il me fault chëoir pasmee* in *Car il me convient cheoir pasmee.*

34] *e* vor *u* ist durchweg verstummt, cf. 7595 *al͡eure* — 7890 *e͡ur* — 9184 *e͡u* u. s. w.

35] Nur sehr selten hat sich *eu* zweisilbig erhalten; denn wir haben 8023 mit den Hss. zu lesen *vous avez....*] *Si tost* [*tout* 𝔅] *vostre plaisir ëu* statt *Ainsi tout vostre plaisir e͡u* 𝔇. — Die Interjektion *heu* ist zweisilbig aufzufassen, da wir 10560 mit 𝔄𝔅ℭ𝔈 zu lesen haben: *Hëu hëu sur voz enffans,* während 𝔇 schreibt *He͡u he͡u sur vous et sur voz gens.* — 2013 wird zu lesen sein: *Pour vengier no malëurté,* obgleich diese Lesart von keiner Hs. verbürgt ist. Von der Lesart 𝔄 *P. v. no maleureté* ist jedenfalls *no* als gesichert anzunehmen gegenüber

---

1) Anders zu beurteilen sind die Fälle *vez = vec* in *vecvos*; z. B. 4505 *Tenez monseigneur v͡eez le cy* 𝔇.

dem *vostre* BCDE [cf. § 53], doch ist wohl die unberechtigte Einfügung des *e* in *maleureté* auf Konto des Kopisten A zu setzen.

36] **Andere (laute) Vokale** behalten vor dem Tonvokal bei Milet noch vielfach ihre syllabische Geltung. *pays* ist stets zweisilbig, z. B. 83 *Querir les princes du päys* ABCDE — 107 *L'ont fait hors du päys bouter* ABCDE u. s. w. Einmal, 9266 ändert aber D den Vers derart, dass *pays* einsilbig zu lesen ist: *Et aussi le päys qui est sien* BD statt *Et tout le päys qui est sien* ACE. — Dasselbe gilt für *traître*. 12223 AB *Qu'a ce trahitre me fault plaire,* D *Quant a ce traitre me fault plaire.* — *paour* braucht Milet schon meistens einsilbig (dann wird das Wort aber auch, wenigstens in A *peur* geschrieben), z. B. 1794, 1895, 1838, 9338, 11558. Zweisilbig ist *paour* z. B. noch 11512 zu lesen: *J'ay päour qu'il ne vous desplaise* ABC. D hingegen schreibt *J'ay peur que je ne vous desplaise.* (*espouanter* ist nur noch dreisilbig, vgl. 9085 *Car une chose qui espouente* ABCDE.) — *nient* ist vom Dichter einsilbig, von D zweisilbig behandelt: 10627 *Par laquelle soit mis a nient* ABCE, *Par laquelle soit au nyant* D. — Umgekehrt ist *chariot* dreisilbig zu lesen, während DCE es zweisilbig brauchen 2466 *Ung chariot prest de verser* AB, *Chariot qui est pret de verser* CDE. — Dasselbe gilt von *continuer* in B: 8863 *En continuant vostre dit* AC, *En* (fehlt D) *continuant vostre dictien* BD.

37] Die Substantiv-Endung *-ion* ist für Milet meist zweisilbig (vgl. 1020 *Car sans faire dilacïon* ABCDE — 11821 *Pour ce je suis d'oppinïon* ABCDE — 11823 *En si grande subjection* ABCDE). Hier und da ist die Endung indes auch einsilbig, z. B. *Je suis de l'oppinion mon pere* ABCDE. So ist mit ABCE in 6456 zu lesen *Je dis que vos exposicions,* während D schreibt *Car telles exposicions,* — ebenso mit AC in 6429 *Sy a de saines oppinions* statt D *Si avons des oppinions.* — Umgekehrt braucht D die Endung *-ion* einsilbig 1196 *Il fault aller en la regïon,* wo wir mit ABC zu lesen haben *Aler fault en la region* — desgleichen 1379 *Et je diray mon oppinïon* D statt *Et dire mon oppinion* ABCE.

38] Die Endungen *-ions* [resp. *iens*] und *-iez*, sei es im Konj. Präs., sei es im Imperf. Ind. und Kond. oder im Plusquamperf. Konj. sind immer einsilbig. Zweimal dagegen hat D *-iez* zweisilbig gebraucht, denn 1610 lautet hier *Que me vueillïez escouter* statt *Que vous me veullïez* e. ABCE —

14008 *Tant comme fussiez venu* statt *Jusqu'a ce que fussiez venu* 𝔄𝔅ℭ.

39] Überhaupt ist der altfr. Diphthong *ié*, auch nach Muta c. Liq. bei Milet noch stets einsilbig. 𝔇 aber behandelt *ié* zweisilbig in *voulentïers* 1195: *Vous diray moult voulentïers* 𝔇 statt *Vous diray je moult voulentiers* 𝔄𝔅ℭ𝔈. — Desgleichen in *quartier* P. 155: *C'est le quartïer qui plus vault* 𝔇𝔇 statt *C'est le quartier le quel plus vault* 𝔄 (𝔄 wird durch 𝔅ℭ gestützt; cf. § 81) — des weiteren in *soustien* 601 *Et soustïen* 𝔇𝔅 statt *Et la sustien* 𝔄𝔈. — Auch *menestrelz* für *menestriers* in 2735 scheint 𝔇 eingesetzt zu haben, weil ihm *menestriers* nur als viersilbiges Wort geläufig war. Seine Scheu, die Endung *-iers* nach Muta c. Liq. einsilbig zu verwenden, war so gross, dass er sogar den Reim (: *ouvriers* 2736) durch seine Änderung zerstört.

Vortoniger oder nachtoniger Vokal nach Vokal.

40] Vortoniges *e* nach unbetontem Vokale hat bei Milet noch meist seine syllabische Geltung behauptet; so ist z. B. *vraiement* stets dreisilbig (cf. P. 174, 8735 u. s. w.). — In *priveement* behält *e* seinen syllabischen Wert 6322, da wir hier mit 𝔄ℭ𝔈 *privëement* statt *tout privement* 𝔇 zu lesen haben, während umgekehrt 5575 für *privëement* ℭ𝔇𝔈 *privement* 𝔄𝔅 einzusetzen ist, da in ℭ𝔇𝔈 der Vers eine Plussilbe zeigt.

41] Das *e* der Futur- und Conditionnalformen ist schwankend behandelt. Von beiden Beispielen, die Becker p. 28c zum Beweise dafür heranzieht, dass bei den Fut. und und Cond. das Bestreben herrsche, vortoniges *e* nach Vokal keine Silbe bilden zu lassen, trifft nur das eine für Milet zu; 883 ist *Il envoyera son filz Paris* zu lesen; 10792 aber lautete nach 𝔄 *La chose ne se muëra* statt *Ja la chose ne se muera* 𝔇.

42] Der Silbenwert des *e* nach betontem Vokal ist durchaus schwankend[1]); vgl. 1950 *voiënt* —, 5517 *soiënt* mit 8533 *pourroient*; — 8289 *Si n'est Asië | a conquerre* — 1375 *Tart est de jetter l'eaue dedans*. — 𝔇 hebt den Silbenwert des *e* gern auch da auf, wo Milet ihn bewahrt. So schreibt 𝔇

---

1) Als Beleg für das Verstummen des *e* hinter dem betonten Vokal zieht Becker (p. 28b) Vers 1174 heran: *Voz pencees seront bien dures*. Dieser Vers beweist doch gerade das Gegenteil!

8469 *Que les folz soïent selon leur droit* statt *Q. l. f. soiënt selon droit* 𝔄ℭ𝔈; — so schiebt 𝔇 864 *bien* in den Vers ein, wodurch *pourroient* zweisilbig wird — 14180 *si*, was *soient* einsilbig macht. — In 2 Fällen dagegen hat 𝔇 dem *e* Silbenwert gegeben, wo bei Milet dem *e* ein solcher nicht zukam: P. 97 *Ces trois estoiënt si tres beaulx* 𝔇 statt *Ces trois escus estoient si beaulx* 𝔄𝔇 — 418 *Partïe de mon entente* 𝔇𝔈 statt *Grant partie de m e.* 𝔄𝔅ℭ. (Oder *G. partïe de m'e.?* s. § 54).

Weitere Varianten aus dem Gebiete der Lautlehre.

43] Neben *lignee* verwendet Milet vielfach *lignie*; beide Formen sind durch den Reim gesichert; z. B. 5087 *lignee : figuree* — 5109 : *randonnee*. — 6592 dagegen *lignie : vie*. 𝔇 ändert *lignie* häufig in *lignee* selbst da, wo der Reim nur *lignie* duldet, so 3678, 4247, 5385, 5460.

44] Der Reim *oi : ay* scheint unserem Dichter nicht geläufig gewesen zu sein; denn wir haben nur einen Fall zu verzeichnen, wo uns durch Hss. und 𝔇 dieser Reim verbürgt ist : 1883 *faiz* [*fazio*] : *gregois* : *destrois*. Die weiteren Beispiele, die Becker pag. 13 als Belege für den Reim *oi* [= lat. *e*] : *ay* [= lat. *è*] zitiert, sprechen nicht für Milet, sondern nur für 𝔇, da in den angeführten Stellen sich sämtliche Hss. gegen 𝔇 stellen. 𝔇 aber muss dieser Reim sehr geläufig gewesen sein, sonst hätte 𝔇 kaum diese Änderungen getroffen. Dass im Original *oi : ay* in den fraglichen Varianten nicht gestanden hat, scheint mir 6938—39 zu beweisen.

. . . . *presentray*   . . . . *presentray*
Et en ce point assez aray (essaieray 𝔈)   *Et en ce point aurez arroy*
Pour parvenir a ma demande 𝔄𝔅ℭ𝔈.   *Pour parvenir a ma demande* 𝔇.

Vers 6938 lässt dem Sinne nach nur Lesart (𝔄𝔅ℭ𝔈) zu. Warum hier 𝔇 geändert hat, lässt sich nicht einsehen. — Weniger deutlich sind die weiteren Fälle: 345 *moi : pourray* 𝔇 statt *moy : pourroy(e)* 𝔄𝔅ℭ𝔈 — 12427-32 *oubliray : moy : vray* 𝔇. Wir haben indes 12429 *Et mon dueil trestout a par moy* 𝔇 nach 𝔄ℭ𝔈 zu verbessern in: *Mon deul tout par moy passeray*. Daraus ergiebt sich auch die Verbesserung in 12428 *Mais portray ma merancolie* 𝔇 in *Mais en forte melancolie* 𝔄𝔅ℭ𝔈.

45] 𝔇 nimmt keinen Anstoss am Reime des steigenden Diphthongen *uy* mit reinem -*y*. 𝔇 schreibt konsequent *luy* statt *ly* (𝔄) im Reim mit *y*; z. B. 2162, 7349, 7477, 7804, 12448.

46] Von den Copisten ist einigemale *qui* mit *qu'il* durcheinandergeworfen, eine Verwechselung, die sich noch bei Rabelais findet (cf. Huguet, Syntaxe de Rabelais, Paris 1894, p. 115). Diese Erscheinung ist aber eine rein graphische, keine syntaktische. 8427 ändert 𝔇 *Chose qui(l) me puisse desplaire* der Hss. in *Chose qui* . . . . Umgekehrt schreibt 𝔇 8587 *regarder* . . .] *ce qu'i(l) en peult advenir* statt . . .] *ce qu'i* . . 𝔄𝔅ℭ𝔈 — 8656 *Je voy qu'i sont plus de cent mille* statt *Je voy qu'ilz sont* . . . 𝔄𝔅ℭ𝔈. (Vgl. auch § 55).

47] Die im Pikardischen übliche Vokalisierung von *l* vor Kons. nach I findet in *fieulx* statt. 9944 𝔄ℭ𝔈 *fieulx: dieux*. Statt *beau fieulx* schreiben hier 𝔅𝔇 *filz preux*. Dass 𝔄ℭ𝔈 die ursprüngliche Lesart bilden, beweist der Umstand, dass die Adjektiva nie in dieser Weise nachgestellt werden.

Zur Formenlehre.

Nominalflexion.

48] **Substantiv.** . Das alte Zweikasussystem hat in unserem Drama nur noch spärliche Reste hinterlassen. Handschriften wie Druck kennen nur die Form *empereur* (5711) und *seur*[1]) (: *deshonneur* 35). — *Sire* und *seigneur* werden ganz gleichmässig als Nominative behandelt; wenn daher 𝔇 *sire* in *seigneur* (551, 12306, 12681) verwandelt und umgekehrt *seigneur* in *sire* (1071 und 2005), so haben diese Änderungen keine prinzipielle Bedeutung. — Als einzige Form, die für den Nominativ allein gebraucht ist, findet sich *homs* (als Substantiv) 3487 im Reim mit *croyons*. — (Über *cil qui* vgl. § 55).

49] **Adjektiv.** Die sekundäre Femininbildung der Adjektiva ist in der „Destruction" im allgemeinen durchgedrungen, doch sind auch noch häufige Beispiele für primäre Formen zu finden. So ist z. B. *grant* durchaus vorherrschend[2]), vgl. 8335 *Je voy la grant ville de troye* 𝔄𝔅ℭ𝔇𝔈 — 8305 *Il nous tournera a grant gloire* 𝔄𝔅ℭ𝔇𝔈. — Der Fehler in 𝔇 Vers 1275 *Pour lesquelz* [d. i. *peines et desconfort*] *suis en remors* ist ferner nicht etwa durch Ersetzen von *lesquelz* durch *lesquelles* zu berichtigen, sondern mit 𝔄 durch Einschub von *je*. 𝔄 schreibt: *Par lesquelz je suis en remors*. — 𝔇 hat bereits das

---

1) Nur 𝔅 setzt hier *seror* ein.
2) Dass Milet daneben auch *grande* verwandt hat, möge Vers 3961 beweisen: *Humilité (par) trop grande c'est (est) folie* 𝔄𝔅ℭ𝔇𝔈.

Bestreben, die primäre Form durch sekundäre zu ersetzen:
310 *Beau filz Paris, vostre grande beaulté* 𝔇 statt *Beau filz Paris, vostre grant leaulté* 𝔄𝔅ℭ. — 11858 *Combien qu'aiez grande puissance* 𝔇 statt *Combien qu'aiez si grant puissance* 𝔄𝔅ℭ𝔈. — 1971 *Car le plourer n'aide pas grandement* 𝔇 statt *C. l. p. n'y ayde pas grammment* 𝔄𝔅ℭ𝔈. — 655 *Pour quelle cause requiert il don* 𝔇 statt *Par quel cause requiert il don* 𝔄𝔅ℭ𝔈. — 13134 *Il a eüe, ne par quelle voye* 𝔇 statt *Il a enë, ne par quel voye* 𝔄𝔅ℭ. — Umgekehrt ersetzt 𝔇 die sekundäre Form durch die primäre 7166, 6678 und 5158. 7166 schreibt 𝔇 *briefment* statt *briefvement*, ohne weitere Änderung, so dass er wohl *briefment* gesprochen haben wollte — 6678, indem er gleichzeitig *le* einschiebt. — 5158 ist zu lesen nach 𝔄𝔅ℭ𝔈 *Au ceur et telle desplaisance* statt *Au cueur et tel desplaisance* 𝔇. (Der Vers zeigt in 𝔇 nicht die richtige •Silbenzahl.) — In Vers 4119 bietet jedenfalls ℭ die ursprüngliche Lesart; denn wir werden zu lesen haben *Qu'oncques il ne fist tel follie* ℭ statt *Qu'oncques il ne fist telle follie* 𝔄𝔅ℭ (Plussilbe), *Qu'oncques ne fist telle follie* 𝔇.

50] **Pronomen.** Die 3. Sing. fem. lautet bei Milet durchweg *elle*, nur sehr selten *el*. 2962 wird *El* statt *Elle* einzusetzen sein, obgleich diese Lesart von keiner Hs. verbürgt ist. 𝔄𝔅ℭ𝔇 schreiben: *Elle n'a metier d'estre paree* und zeigen eine Plussilbe, 𝔈 schreibt *Et n'a m. d. p. Et* ist sinnlos (Vgl. § 197).

51] Das dialektische *t'* statt *tu* vor Vokalen ist in der „Destruction" sehr selten. Von 𝔇 wird es ganz gemieden. 10087 *Tu peulx bien dire que tu es mort* 𝔇𝔈 statt .... *que t' es mort* 𝔄𝔅ℭ. — 1815 *Que as nourri par tel entente* 𝔇 statt *Que t' as nourri* .... 𝔄𝔅ℭ𝔈.

52] Der Dativ der 3. Sing. ist sehr häufig *ly*. 𝔇 setzt immer *luy* dafür ein, so 2162, 7349, 7477.

53] Neben *nostre* und *vostre* finden sich die pikardischen Formen *no* und *vo*. 𝔇 und 𝔈 meiden durchaus *no* und *vo*, 𝔅 und ℭ märzen die Form stellenweise aus. Dass 𝔄 in allen Fällen die ursprüngliche Lesart repräsentiert, selbst wenn die Lesart 𝔄 isoliert steht, beweisen einmal die Fälle, wo *nostre* und *vostre* ohne weitere Änderung eingesetzt sind, sodass die betreffenden Verse Plussilben zeigen, andrerseits lassen sich die Änderungen, die in anderen Fällen vorgenommen sind, unschwer als spätere Änderungen erkennen. Wenn z. B. *grant* 9194 ausgelassen ist (*Que laomedon vostre pere*), so ist der Vers sinnlos geworden, da Epistropus den Hector anredet.

In 9426 ist *seray* erforderlich nnd Präs. *suis* durchaus eine Verschlechterung des Textes. — In 1633, 3935, 13406 setzen die Kopisten die zweisilbige Form ohne weitere Änderung ein; die Verse sind infolgedessen zu lang. In anderen Fällen wird ein einsilbiges Wort ausgelassen, so *chier* 4485 — *a* 8069 und 6322 — *que* 13526. In 939, 6616, 2592 wird *ma* oder *la* für *no* resp. *vo* eingesetzt. Ausser in den erwähnten Versen werden *no* und *vo* noch gemieden 515, 3957, 4621, 8782, 10527.

54] Die weiblichen Possessivpronomina lauten vor vokalischem Anlaut fast überall bereits *mon, ton, son*. In zwei Fällen, wo der Dichter noch *ma* statt *mon*, *sa* statt *son* gebraucht hat, wird von 𝔇 *mon* resp. *son* eingesetzt. 3877 *Que pour ravoir sa femme et son amie* 𝔇 statt *Q. p. r. sa femme | et s'amie* 𝔄𝔅ℭ𝔈." — 10765 *J'ouys dire des mon enffance* 𝔇 statt *J'ay ouy dire en ma enffance* 𝔄𝔅ℭ; vgl. § 42.

55] *cil* ist noch als Nom. vor *qui* anzutreffen, auch in 𝔇: 10767 *Cil qu'i(l) veult faire decepvance* 𝔇𝔈 gegen *Qui veult user de decepvance* 𝔄ℭ. (Für *cil qu'il* 𝔇 cf. § 46).

56] In den Versen 14016, 14115 und 14132 finden wir in 𝔇 isoliert (d. h. 𝔈 fehlt) die alte Form *cest* anstelle von *ce* 𝔄𝔅ℭ und zwar immer vor konsonantisch anlautendem Worte.

57] Über die kontrahierten Formen *ou* und *ès* vgl. § 78 und 80, über *tel* und *telle*, *quel* und *quelle* vgl. § 48; über *nuluy* vgl. § 84.

Verbalflexion.

58] Die Angleichung der endungsbetonten Verbalformen an die stammbetonten ist in der „Destruction" noch nicht so weit gediehen, wie heutzutage. 𝔄 schreibt durchweg *creons* statt *croyons* der andren Hss. und 𝔇. — Von den Futurformen von *croire* zeigt konsequent nur 𝔄, stellenweise aber auch die anderen Hss. das ältere *crera*, während 𝔇 immer *croyra* einsetzt. — Die nicht angeglichenen Futurformen von *venir* sind von 𝔇 sehr häufig durch die jüngeren Formen ersetzt. Milet scheint noch konsequent die alten Formen verwandt zu haben.

59] **Infinitiv.** Milet kennt nur den Infinitiv *ardre*. 1532 *Ardre des torches plus que (de) vingt* 𝔄𝔅ℭ𝔇𝔈. — 𝔇 setzt 8788 *ardoir* für *ardre* ein. *Et ardoir un feu alumé* 𝔇 statt *Et ardre en vng feu qu'on alume* 𝔄ℭ.

60] Neben der gewöhnlichen, sekundären Form *querir* (und deren Kompos.) tritt auch die organische Form *querre* auf. Vgl. *querir* 13513 — *querir* 1752 (: *desir*) — *acquerir* 8045 mit *conquerre* 4764 — *requerre* (: *acquerre*) 1657. Sämtliche Formen finden sich in 𝔄𝔅ℭ𝔇𝔈. — 𝔇 bevorzugt die allgemein gültige, sekundäre Form. 4504 *Je le voys querir sans arrester* 𝔇 statt *Je le voy querre sans arster (tarder)* 𝔄𝔅ℭ. — 6272 *On doit enquerir et savoir* 𝔅ℭ𝔇 statt *On doit enquerre et scavoir* 𝔄𝔈.

61] **Futurum.** An zwei Stellen zeigt 𝔇 sekundär erweiterte Futurformen der Stamm-Konjugation, Formen, die sich vielfach in Texten des 15. Jahrhunderts belegen lassen. 825 *Responderons nous ycy presentement* 𝔇 statt *Respondrons*... 𝔄𝔅ℭ𝔈 — 1073 *Nous te suiverons de bonne erre* 𝔇 statt *Et nous te sievrrons de bonne erre* 𝔄𝔅ℭ𝔈. — Andrerseits zeigt 𝔇 (zusammen mit 𝔅ℭ𝔈) 1104 *vivroit*, wo Milet, nach 𝔄 zu urteilen, *viveroit* geschrieben hat: *Et que ja tant qu'il vivroit* ℭ𝔇 statt *Et que ja tant qu'il viveroit* 𝔄 (der Vers hat in ℭ𝔇 nicht die genügende Silbenzahl; 𝔅 schreibt zur Bewahrung der Silbenzahl statt *ja* : *jamais*, 𝔈 statt *qu'il* : *comme*).

62] **Präsens der A-Konjug.** Die Verba der *a*-Konjug., die vokalisch auslautenden Stamm besitzen, zeigen in der 1. Sing. Präs. Ind. noch vielfach die Form ohne sekundäres *e*. Vgl. 7618 𝔄𝔅ℭ𝔇𝔈 *affy* : *aussi, amy, ycy* (von denen die unmittelbar folgenden *compaignie, baronnie, acomplie* scharf geschieden sind) mit *prie* : *mie* in 9829, ebenfalls in Hss. und 𝔇. In vielen Fällen, wo 𝔄 noch die alte Form hat, setzen andere Hss. und 𝔇 die erweiterte Form ein, z. B. 1875 *pry* : *supply* 𝔄ℭ𝔈 gegen *prie* : *supplie* 𝔅𝔇. Im Innern des Verses schreibt Milet nach 𝔄 immer *prie*, wenn er zum Bau seines Verses ein zweisilbiges Wort nötig hat, sonst stets *pry*. *prie* findet sich z. B. 473, 1880, 5168; *pry* 1168, 1933.

63] **Konjunktiv.** Die 3. Sing. Konj. Präs. von *garder* lautet bei Milet noch immer *gard*. 𝔇 setzt 261 *garde* dafür ein: *Jupiter...] Garde de mal les enfans du roy* 𝔇 statt *Gard.. ... 𝔄𝔅ℭ𝔈*, 𝔇 zeigt eine Plussilbe. — Dass 𝔇 auch die Konjunktivform *gard* kennt, beweist Vers 341, in dem 𝔇 andrerseits die sekundäre Form *saulve* statt *sault* zeigt. 341 *Venus...] La saulve et gard comme bien je vouldroie* 𝔇 statt *La sault et gart comme bien le volroie* 𝔄𝔅ℭ𝔈.

64] *dire* zeigt in der „Destruction" noch fast immer die alte Form des Konj. Präs. *die*, während sich die sekundäre Form *dise* nur im Reime findet, wenn der Dichter einen

Reim auf die Endung -*ise* braucht; vgl. 4387 — *souvent on dise* 𝔄ℭ: *guise*. ℭ schreibt auch hier *die* und verletzt damit den Reim. Auch die Änderung 𝔇 (*lise* statt *dise*) scheint vorgenommen zu sein, um *dise* zu vermeiden. — Der Konj. Präs. von *lire* lautet bei Milet natürlich stets *lise*.

65] Die 3. Sing. Konj. Präs. von *pooir* lautet in der „Destruction" fast durchweg *puisse*, so Vers 8427 in 𝔄𝔅ℭ𝔇ℭ. Daneben aber auch *puist*, so 8187 *Et la plus noble qu'on puist trouver* 𝔄𝔅ℭ (𝔇ℭ schreiben *peut*). 𝔇 ersetzt *puisse* durch *puist* 10213: *Qu'ung aultre le puist recouvrer* 𝔇 statt *Qu'ung aultre puisse recouvrer* 𝔄𝔅ℭℭ.

66] Neben der regelrechten Konjunktivform Plusquamperfecti des verb. subst. verwendet Milet, wenn ein zweisilbiges Wort sich leichter in den Vers fügt, hier und da die sekundär erweiterte Form *fusist*. 𝔇 duldet sie aber in keinem Falle, und 𝔅ℭℭ meiden sie teilweise. Beweiskräftig dafür, dass *fusist* dem Original angehörte, sind 6374, da hier 𝔅ℭ, und 10355, da hier 𝔅 zu 𝔄 tritt. Auch erkennt man aus der Art der Varianten, dass 𝔇 resp. die Hss. die Form in ihren Vorlagen vorgefunden haben. Man vgl. 10355 *Qu'il n'en fusist jamais memoire* 𝔄𝔅 mit *Qu'il ne s'en fist j. m.* 𝔇, *Qu'il n'en fust jamais plus memoire* ℭ, *Que d'eulx tous ne fust plus m.* ℭ. — 10866 *s'il advenoit*] *Qu'un de voz hommes fusist pris* 𝔄, *Qu'aucun de voz hommes fust pris* 𝔇ℭ.

67] An einer Stelle, 1434, hat Milet die Form *peusist* (statt *peust*) gebraucht, wohl beeinflusst durch *feusist* in 1433.

S'elle feusist jeune pucelle 𝔄 *Si elle feust jeune pucelle* 𝔇
Et qu'on peusist remarier   *Et qu'on la peust remarier*

ℭ stützt, was *peusist* anlangt, 𝔄; 1433 lautet in ℭ *Et qu'on ja peusist marier*.

Doppelformen der Indeklinabilia.

68] Milet verwendet je nach Bedürfnis *donc* und *doncques*. 𝔇 verwandelt das *donc* der Hss. in *doncques* 13860, 13867 und 11377. — 13860 lautet in 𝔄ℭ *Or ca donc seigneurs et barons*, in 𝔇 *Or ca doncques seigneurs barons*. Die Lesart 𝔄ℭ ist auffällig, weil es meines Wissens die einzige Stelle ist, wo Priam seine Granden mit *seigneurs et barons* anredet. — Vers 13867 lautet in 𝔄ℭℭ *Or ca donc que chacun s'en aille*, in 𝔇 *Or ca doncques chacun s'en aille*. (Wahrscheinlich liegt hier ein Lesefehler vor.) — 11377 *Or ca donc je les vous ottroie* 𝔄ℭℭ, *Or ca doncques ie les ottroye* 𝔇. — 1930 andrerseits hat 𝔇 die einsilbige Form für die zweisilbige eingesetzt, um *dolousement* durch *douloureusement* ersetzen zu können. — Desgleichen 1521 𝔇 *adonc* statt *adoncques*. Hier hat 𝔇 keine weitere Änderung getroffen, so dass der Vers nicht die nötige Silbenzahl aufweist.

69] Auch *avec* und *avecques* werden von Milet promiscue gebraucht. 𝔇 bevorzugt die zweisilbige Form und setzt dieselbe für die dreisilbige ein: 3766, 3860, 10287, 10460, 10461, indem für die fehlende Silbe Ersatz geschafft wird, z. B. 10287 *Avant venez avecques moy* 𝔄ℭ, *Avant venez donc avec moy* 𝔇 (𝔅ℭ setzen wohl *avec* statt *avecques* ein, ohne jedoch *donc* einzuschieben, so dass sie eine Silbe zu wenig bieten). — In 177, 1483, 1852, 2526, 9768, 9787 hingegen wird *avec* ohne weiteres von 𝔇 für *avecques* eingesetzt, und die Silbenzahl dadurch gefälscht.

70] Giebt in obigen Fällen 𝔇 bereits der kürzeren Form den Vorzug vor der erweiterten, so ist ihm die sekundäre Form *jusques* noch die geläufigere, denn konsequent setzt 𝔇 *jusques* für *jusque* ein und zwar 1239, 1522, 1805, 11639, 14273, 14279 ohne Rücksicht auf die richtige Silbenzahl zu nehmen, während 3155 der Silbenzahl halber *revoye* durch *voye* ersetzt wird.

71] Die Varianten 2703 scheinen dadurch hervorgerufen zu sein, dass 𝔅ℭ𝔇𝔈 nicht mehr die Form *com* (statt *comme*) dulden wollen, die Milet noch an dieser einen Stelle verwandt hat. In 𝔄 lautet Vers 2702 und 2703 *Vous monstrez vostre charité Com ceur plain de magnificence*. 𝔅ℭ ändern Vers 2703 um in *Comme plain de m.*, 𝔇𝔈 in *Soubz cueur plain de m.*; 𝔄 bietet hier zweifelsohne die beste Lesart: *Com* ist durch 𝔅ℭ [*Comme*] gestützt, *ceur* durch 𝔇𝔈 gesichert; ausserdem ist die Lesart 𝔇𝔈 sinnlos.

72] 𝔇 kennt nur noch die verkürzte Form *or*. In 9401 ersetzt 𝔇 die Nebenform *Ore* durch *Or ca*, — 9537 durch *Ainsi*.

Zur Syntax.

Nomen.

73] In unseren Texten begegnen uns noch hier und da oblique Nominalformen ohne *de* in der Funktion des Genitivs, eine Erscheinung, die bis zum XIV. Jahrh. sehr geläufig, im XV. Jahrh. dagegen nur noch selten anzutreffen ist. Zum Teil sind die Fälle in der „Destruction" durch Hss. und 𝔇 gesichert, so 2375 *L'oppinion mon pere* — 2128 *Le temple*

Venus citharee — 4253 *lignage Venus*. 1626 dagegen schreibt 𝔇 *Au conseil de mon frere Paris* statt *Au conseil mon frere Paris* 𝔄𝔅ℭ𝔈, so dass 𝔇 eine Plussilbe zeigt — 2299 *seur de mon pere* 𝔇𝔈 statt *la seur mon pere* 𝔄𝔅ℭ — 2350 *femme a Menelüus* statt *femme Menelaon* (der Reim verlangt hier Menelaon) — 2405 *deesse de Citharee* statt *deesse citharee* — 6687 *isle de Delon* statt *isle Delon* (Der Einhaltung der richtigen Silbenzahl halber ist *bien* ausgelassen) — 10342 *l'amour de ma tante* statt *l'amour ma tante* (𝔇𝔈 fehlt *et*). — 8280 kann man zweifeln, ob man mit 𝔅𝔇 *femme Menelüus* oder mit 𝔄ℭ𝔈 *femme a Menelüus* zu lesen hat; cf. Vers 2350.

Pronomen.

74] Der Gebrauch der satzbetonten und satzunbetonten Formen des Pronomen personale ist in der „Destruction" noch nicht fest geregelt. Beim Imperativ ist die satzbetonte Form fast völlig durchgedrungen. In zwei Fällen müssen wir indes mit 𝔄𝔅ℭ die unbetonte Form einsetzen und 12772 statt *Ha dame*: *Dame dame* — 13476 statt *A Paris : Paris Paris* lesen.

75] Beim Infinitiv ist von Milet ebenfalls bald satzbetonte, bald unbetonte Form verwandt. 𝔇 zieht bereits die unbetonte Form beim Inf. vor und ändert dementsprechend *moy* in *me* 1344, 4381, 7327, 9064, 9364 — *toy* in *te* 9286, 13064. Wenn umgekehrt 3863 𝔇 die betonte Form für die unbetonte einsetzt, so ist das sicherlich nur geschehen, um *quant a moy est* für das schwerfällige *tout qu'a moy en est* (𝔄) einsetzen zu können. (Alle Hss. haben die Lesart 𝔄 geändert). — Auch 9420 bessert 𝔇 *De lui aider* aus *De l'aider*.

76] Die Nominative der Pronomina sind als Subjekt vor dem Verbum noch im 15. Jahrh., (wie hier und da selbst noch am Ende des 16. Jahrh.) entbehrlich; sie fehlen daher auch bei Milet noch häufig. In 𝔇 macht sich dagegen bereits die Tendenz bemerkbar, das pronominale Subjekt beim Verbum auch da auszudrücken, wo es in den Hss., die in diesen Varianten zumeist geschlossen zusammengehn, noch fehlt. So schreibt 𝔇 5887 *Qu'ains deux jours nous arriverons* statt *Qu'avant deux jours arriverons* 𝔄𝔅ℭ𝔈 — 7897 𝔇 *Seigneurs ou voulez vous aler* statt *Beausseigneurs ou voulez aler* 𝔄𝔅ℭ𝔈. Analoge Fälle finden sich 371, 528, 741, 1083, 1550, 1552, 3994, 4458, 6667.

77] Konsequenz dürfen wir naturgemäss auch hier nicht von 𝔇 erwarten. An anderen Stellen hat 𝔇 das Fehlen des Subjektes geduldet; ja hier und da lässt 𝔇 sogar das

Subjekt fort, wenn er sonst eine Änderung im Verse vornehmen will; 2098 lautet z. B. in 𝔄𝔅ℭ𝔈 *Que j'euz de toy, quant je fis jugement.* 𝔇 will, da von einem bestimmten Urteil die Rede ist, *le* einfügen und schreibt daher: . . *quant fis le jugement.* Ähnliche Fälle finden sich 1951, 7204.

78] Die kontrahierte Form des Artikels *ou* ist bei Milet nicht eben häufig. 𝔇 setzt dagegen verschiedentlich *ou* für *au* oder *en* ein, so P 253 *Ou lieu* statt *Au lieu* — 1662 *ou royaulme* statt *au r.* — 13791 *ou trosne* statt *au t.* — 1491 *ou temps* statt *en temps.*

79] Die Verbindung *ens ou* wird von 𝔇 gemieden: 10511 𝔄𝔅ℭ𝔈 *ens ou temple,* 𝔇 *ou temple* — 11530 𝔄𝔅ℭ𝔈 *Ens ou temple,* 𝔇 *Ou beau temple.*

80] Gegen *ès*, eine Form, die Milet noch sehr geläufig ist, scheint 𝔇 bereits eine Abneigung zu haben, da er sie 5611, 6284 und 9434 durch *en* ersetzt.

81] *lequel* wird hier und da noch als Subjekt, anstelle von *qui* verwandt. 8019 *Lesquelz m'ont par leur courtoisie* 𝔄𝔅ℭ𝔇𝔈. P 155 lese ich ebenfalls mit 𝔄: *C'est le quartier lequel plus vault,* obgleich die Lesart 𝔄 hier isoliert steht. 𝔇𝔇 schreiben hier *C'est le quartier qui p. v.,* 𝔅 *C'est le quartier qui plus en vault,* ℭ *Des aultres quartiers ne me chault.* In 𝔇𝔇 hat, wie man sieht, der Vers nur sieben Silben. Denn es ist wohl nicht anzunehmen, dass *quartier* dreisilbig von 𝔇𝔇 gelesen wurde; es wird hier einfach aus Versehen ein *en* [𝔅] ausgelassen sein.

82] *dont*, in Beziehung auf sächliche Subst., wird 9973 von 𝔇 durch *de quoy* ersetzt: 𝔄ℭ𝔈 *deux estandars*] *Dont l'un est tout batu de paille,* 𝔅𝔇 *De quoy l'un est batu de paille.* — (Für *où* in pronominaler Funktion vgl. § 116).

83] Statt *quelque chose qu'il face* 𝔇𝔈 Vers 12555 ist mit 𝔄𝔅ℭ zu lesen: *quel chose qu'il face.* Der Vers ist in 𝔇𝔈 zu lang.

84] Der alte Obliquus von *nul, nulluy,* ist noch bei Milet anzutreffen. 𝔇 meidet gern die Form. 10473 *Il ne doit sur nulluy traictier* [*decepcion* 𝔄𝔅ℭ𝔈, . . . *sur aultre* . . 𝔇. 8641 ist *nulluy* sogar als Subjekt verwendet. *Sans que nulluy trop s'avance* 𝔄ℭ, *Or avant que chacun s'avance* 𝔈, *Et bataillez a grant puissance* 𝔅𝔇. — Nicht überall hat 𝔇 *nulluy* getilgt; das möge Vers 5435 beweisen: *Et que nulluy de vous si* [*tous*] *ne s'avance* 𝔄𝔅ℭ𝔇𝔈.

Verbum.

85] In einer Reihe von Fällen verwandelt 𝔇 reflexive Verba in Intransitiva. Häufig ist dies bei Verben der Bewegung der Fall. 1897 *Partez vous enffans il est temps* 𝔄𝔅ℭ𝔈, *Partez doulx enffans* .... 𝔇 — 2522 *Sus dame sus venez vous en* 𝔄𝔅ℭ, *Sus dame sus venez avant* 𝔇 — 4891 *Qu'ensamble nous nous en irons* 𝔅ℭ𝔈𝔇, *Que ensamble nous nous en irons* 𝔇 — 9585 *que nous nous departons* 𝔄𝔅ℭ𝔈, *que tous nous departons* 𝔇 — 11898 *Je vous pry partons nous d'icy* 𝔄𝔅ℭ𝔈, *Je vous pry que partions d'icy* 𝔇.

86] Dagegen 6660 *Que Calcas voise en Delon* 𝔄𝔅ℭ, *Que Calcas s'en voise en Delon* 𝔇.

87] *dormir* wird von Milet, wie vielfach noch im 16. Jahrh., meist reflexivisch gebraucht, cf. 11554 *quant je me dors* 𝔄𝔅ℭ𝔇𝔈. Vgl. hingegen 6335 *qu'ennuit me dormoie* 𝔄𝔅ℭ𝔈 mit *qu'a minuit dormoie* 𝔇.

88] *traveiller* wird in der älteren Sprache gern reflexivisch verwandt, wenn von grosser Anstrengung die Rede ist. So lautet nach 𝔄ℭ 10809: *Pour ce me veul je traveiller*, nach 𝔇𝔈 dagegen: *Pour ce dois je bien traveiller*.

89] In folgenden Fällen andrerseits braucht 𝔇 ein Reflexivum, wo wir mit den besten Hss. ein einfaches Intransitivum annehmen müssen: 9717 *Mon cher frere ne doubtez mie* 𝔄ℭ𝔈, *Monseigneur ne vous doubtez mie* 𝔅𝔇 — 13054 *et si n'en doubtez* 𝔄𝔅ℭ𝔈, *et ne vous doubtez* 𝔇. — 11057 *Or peulx tu bien apparcevoir* 𝔄𝔅ℭ, *Or te puis tu apparcevoir* 𝔇.

90] **Tempora**. Ungemein häufig braucht Milet das Präsens, wo (streng genommen) das Perfektum compos. grössere Berechtigung hätte. Namentlich ist dies in folgenden und ähnlichen Wendungen der Fall: 6391 *Sire Anthenor vous dites vray* 𝔄𝔅ℭ𝔇𝔈 — 11853 *Puissans barons vous dites vray* 𝔄𝔅ℭ𝔇𝔈. Genauer schreibt 𝔇 4215 *Hercules vueille Qu'ainsi que ay ouy tes dis Je voye par experience ... statt ..] Qu'ainsi comme j'oy par tes [voz] ditz* 𝔄𝔅ℭ. — Als eine Verschlechterung dagegen muss 𝔇 gelten 987: *Je le feray ainsi que le me commandez*, wo wir mit 𝔄ℭ zu lesen haben ... *que l'avez commandé*. Desgleichen 8861: *Sire roy vous dictes tres bien* 𝔅𝔇 statt *S. r. vous avez bien dit* 𝔄ℭ𝔈. Durch diese Variante st die in 8863 hervorgerufen; hier haben wir *dit* 𝔄ℭ anstelle von *dictien* 𝔅𝔇 einzusetzen.

91] Bei Milet hat das Präsens vielfach die Bedeutung des Futurums, ein Gebrauch, der im Afr. sehr häufig ist und sich auch im Nfr. noch findet. — 1857 muss nach 𝔄ℭ lauten *Nous revenons bien briefment*, während 𝔅𝔇𝔈 schreiben *Nous revendrons* ... — Desgleichen 2341 *Mais que a Troye l'ayons menee Nous n'y povons avoir dommage* 𝔄ℭ statt *Nous n'y pourrons* ... 𝔅𝔇𝔈. — Umgekehrt setzt 𝔇 ein Präsens für ein Futurum ein Vers 10431. *Mais je concoy qu'il nous convendra tous* 𝔄𝔅ℭ𝔈 lautet in 𝔇: *qu'il nous convient trestous*. — Desgleichen 8507 *Si les retenrons sainement* 𝔄ℭ𝔈, *Si les retenons* s. 𝔅𝔇 (im nächsten Vers *Et — dirons —* 𝔄𝔅ℭ𝔇𝔈).

92] Auffällig ist das Futurum, das 𝔇 anstelle des von 𝔄𝔅ℭ verbürgten Präsens in 2877 verwendet. *Mais puisque je vous ay veue Vostre beaulté pourray prouver* statt ... *puis je* ... 𝔄𝔅ℭ.

93] Der Gebrauch der Tempora ist im 15. Jahrh. noch grossen Schwankungen unterworfen. Folgende Varianten mögen beweisen, wie unsicher die Kopisten in der Handhabung der Tempora sind. 10094—96 lauten in 𝔄ℭ𝔈 *Menelaus mal cy venistes Car certes vous y demourrés Mal pour vous la voie entrepristes*. 𝔇 schreibt Vers 94 ... *venes* (𝔅 *venus estes*) und 𝔅𝔇 in 96 *Mal pour vous entreprins l'avez*. — 10312 *Enfant a ce cop morras tu Tu es a mal heure venu* 𝔄𝔅ℭ𝔈, *Enfant a ce coup tu mourras Icy de malle heure arrivas* 𝔇 — 5144 ... *j'ay ouy dire a mon pere que* ...] *et si me compta la maniere* ... 𝔄𝔅ℭ𝔈, *et si me contoit l. m.* 𝔇 — 806 *Et vous mesmes le deussiez deprier*] *Quant lui avez fait si grant destourbier* 𝔄𝔅ℭ𝔈, *Quant vous lui feistes si tres grant destourbier* 𝔇 — 5457 *Il ne vous desplaise mie*] *Se dit vous ay* ... *Que vous devez vengier la villenie* 𝔄ℭ𝔈, *Se je vous ditz* ... 𝔇.

94] Wie in anderen, schon besprochenen Fällen macht sich bei 𝔇 auch in den folgenden das Bestreben bemerkbar, präziser in der Ausdrucksweise zu sein als seine Vorlage. Das Perfektum Futuri ist in folgenden Fällen vollkommen am Platze 853 *Alons savoir — Se Exionne pourrons ravoir:*] *Si aurons fait nostre voyage* 𝔇𝔈 statt *Si avons fait n. v.* 𝔄𝔅ℭ — 6899 *nul ne desobeira* ..] *A faire ce que dit aurez* 𝔅𝔇 statt *A faire ce que vous direz* 𝔄ℭ𝔈 — 6036 *Quant un peu aurons sejourné Il nous fauldra* 𝔇𝔈 statt *Quant nous avons sejourné* ... 𝔄𝔅ℭ.

95] Die im Afr. so beliebte Angleichung der futuren Tempora führt 𝔇 10668 ein, wo die Hss. moderne Schreibweise zeigen. *Adont trouverons nostre tort Disans que riens n'en aurons sceu* 𝔇 statt .... *n'en avons sceu* 𝔄𝔅ℭ — desgleichen 1468 *On dira que n'aurez osé* 𝔇 statt ... *que n'avez osé* 𝔄𝔅ℭ𝔈.

96] **Modi.** Bei milderer Ausdrucksweise wird, wie im

Nfr., so auch in der älteren Sprache häufig das Präseus des Futurums anstelle eines Imperativs verwandt. 979 *Si lui diras que je men rois* ABC; D ändert *Si lui dy* . . . — Umgekehrt zeigt D ein Futurum für einen Imperativ in 14262. *Alons chascun en sa chascune*] *Si prions pour noz bons amis* ABCE lautet in D *Si prierons* . . . . . .

97] Sehr häufig ist von Milet anstelle des einfachen Imperativs das Modusverbum *vouloir* mit dem Infinitiv verbunden gebraucht; cf. 8214 *Seigneurs vueillez moy pardonner* ABCDE — 8317 *Pour ce vueillez vous disposer* ABCDE — 8319 *Si vueilles a Priam noncer* ABCDE. — An zwei Stellen findet sich in D der einfache Imper. statt der Zusammensetzung. 9189 lautet nach ABCE *Hector ne vueillez refuser*; D schreibt *Hector Hector ne reffusez*. In 9412 schreibt D mit B und E zusammen: *Mais a prier devotement*] *Vous y prenez vostre desduit*. A steht hier isoliert: *Veulliez prendre nostre deduit*, während E 9412 lautet *Vous prendrés* . . . . .

98] Der Konjunktiv der Einräumung nach *quelque que* ist bereits im Afr. häufiger als der Indikativ. Milet verwendet dagegen 2851 den Indikativ, der von D durch den Konjunktiv ersetzt wird. . . . *il conviendra que vous fassiez chière lye* . , . *sans monstrer melancolye*] *Quelque chose qu'avez au ceur* ABCE, *Quelque chose qu'ayez au cueur* D.

99] Nach der Konjunktion *si* war im Afr. der Konjunktiv sehr gebräuchlich, besonders der Konj. Imperf. und Plusquamp. — Bei Milet ist der Konjunktiv vorherrschend; cf. 14007 *Et si nous eussions atendu Jusqu'a ce que* [*Tant comme*] *fussiez venu* ABCDE. So braucht Milet auch 13983 den Konj. Plusquamp. nach *si*; D setzt dagegen den Indikativ ein und zwar auffälligerweise das Präsens. Der ganze Passus ist von D abgeändert. 13983—86 lauten in ABCE *Et sy leur eust pleu d'en eslire Ung aultre ou meillenr ou pire Quant a moy j'eusse este content D' obeir sans lui contredire*; in D *Et s'il leur plaist ung aultre eslire Lequel fust ou meilleur ou pire Sans faire aultre commandement Je eusse obey sans contredire*.

100] *tant que* in der Bedeutung „bis dass" hat bei Milet bereits, wie in der modernen Sprache, den Indikativ zur Folge. BD bringen den hypothetischen Sinn, der in der Konjunktion versteckt liegt, zum Ausdruck und verbinden *tant que* (in diesem Sinne) mit dem Konjunktiv, ein Brauch, der noch im 17. Jahrh. anzutreffen ist. — 7224 lautet in AE . . *icy endroit demourrons*] *Tant qu'arez la chose accomplie*; in BD dagegen *Tant qu'ayez* . . . , — 7963 ist mit ACE zu lesen *Vous de-*

mourrez ..] *Tant que* .. *vendront assaillir* statt *Tant que*... *viennent assaillir* BD.

101] Nach modernem Sprachgebrauch setzt D mit Recht Vers 11928 den Konjunktiv ein, da der regierende Satz eine Forderung ausdrückt: *Les Grecz m'ont dit que je vous feisse assavoir*] *Que leur rendissiez* ... D statt *Que vous leur rendez* ... ABCE.

102] Im indirekten Fragesatz sind in der älteren Sprache Indikativ und Konjunktiv neben einander anzutreffen, noch bei Rabelais überwiegt der Indikativ (cf. HUGUET, Syntaxe de Rabelais p. 195). 10646 gebraucht Milet den Indik., während D bereits den Konj. verwendet ... *nous povons adviser ... par quelle fasson*] *Nous pourrons Hector surmonter* ABCE, *Nous puissions* ... D.

103] Im Relativsatze nach einem Superlativ steht wie im Nfr. auch in der älteren Sprache meist der Konjunktiv, so 8187 *La plus noble qu'on puist trouver*. Für DE hat der Relativsatz nicht den Sinn unbestimmter Allgemeinheit, daher *La plus noble qu'on peut trouver*.

104] Im Relativsatze, der eine Annahme ansdrückt, sind in älterer Zeit Indikativ und Konjunktiv neben einander zu finden. Vgl. 2516 *Avant qu'i seront les premiers Frappez sur eulx* ABCE mit A. *qu'i soient les premiers* D.

105] Einen Verstoss gegen die Tempusfolge bedeutet die Änderung von D in 8292. Wir haben hier mit den Hss. zu lesen *Il seroit bon de le requerre*] *Qu'il la nous rendist* statt *Qu'il la nous rende* D.

106] Das Conditionnel, das D 11911 und 10175 für das von den Hss. verbürgte Präsens einsetzt, hat nach modernem Sprachgebrauch Berechtigung. 11911 *Ouil tant qu'on ne croiroit mie* BD statt *qu'on ne le croit mie* AE — 10175 .... *me vueillez suir*] *Autrement s'en pourroit suir* D statt *Autrement s'en peult ensievir* ABCE.

107] An anderen Stellen ersetzt D ein Präsens Futuri durch das Conditionnel wo das Präsens dem modernen Gebrauch entspricht. Der versteckte hypothetische Sinn des Nebensatzes hat wohl zu den Änderungen Anlass gegeben. 10603—4 lauten ABCE *Car tant qu'il ayt convalescance*] *Ne pourrons nostre fait parfaire*, D schreibt *Ne pourrions n. f. p.* — 10650 *Car certes tant qu'il soit vivant*] *Nous ne pourrons venir achief* ABE *Nous ne pourrions v. a.* D. — Dass D auch bei diesen Änderungen keine Konsequenz beobachtet, möge 10675 erläutern, wo D das Präs. Fut. beibehalten ist. *Car s'il vit plus longuement Nous ne pourrons apparcevoir* ABCDE.

108] In einem weiteren Falle verwendet D das Conditionnel statt des Futurums der Hss.; hier wird aber auch zugleich der Modus des Verbums im Nebensatze verändert. 10775 lautet AC . . . *quant nous arons tué Hector par trahison Chacun dira* . . . . BDE schreiben . . . *quant nous aurions tué H. p. tr. Chacun diroit.* — 10873—76 hat D ausser derer wähnten noch weitere Änderungen an dem Texte vorgenommen. *Aumoins le porrez [povez] vous changier S' aucun est pris qu'a dieu ne plaise Et en evitant le dangier Le porrez avoir a vostre aise* ABCE, *Aumoins le pourriez vous changer Se aucun est que | a dieu ne plaise Qui feust bouté en ce danger Le pourriez ravoir a vostre aise.*

109] Das Präs. Fut. im Nebensatze der Hss. ist von D in das Cond. verwandelt 2291 und 12027. 2291 *Je veux savoir por quel moyen je pourray faire l'entreprise* ABCE, . . . *je pourroye f. l.* D — 12026—7 *Car il a tel chose produ[icte] Dont nous porrons avoir dommage* ACE, *Dont nous pourrons a. d.* BD. — Umgekehrt setzt D das Präs. Fut. für das Cond. ein 12067. *Je dy que dommage porra venir* ABCE, . . . *pourroit venir* D.

110] Eigentümlich berührt uns an folgender Stelle das Conditionnel, da von einer für die Gegenwart erschlossenen Handlung die Rede ist. Wahrscheinlich ist das Cond. vom Dichter verwendet, um den Ausdruck zu mildern. 2676 lautet nach ABCE *Vous devriez bien estre lassee D'avoir plouré si longuement.* D setzt für *devriez* ein *devez* ein.

111] Noch bei Rabelais [Huguet, S. d. R., p. 829] haben die Adjektiv-Attribute und Partipes passés die Freiheit, sich nur dem letzten von mehreren voraufgehenden Substantiven anzupassen. So schreibt auch Milet noch 11448 — *Maint couroux et mainte pensee] Remplie de griefve doleur* nach ACE, während D bereits moderne Schreibweise zeigt: *Remplis de tres griefve douleur.*

112] Im 15. Jahrh. ist die Konkordanz des Participe passé bei absoluter Konstruktion sehr häufig anzutreffen, selbst wenn das Partic. vor dem Worte steht, auf das es sich bezieht. Man begegnet dieser Konstruktion auch bei Milet 2592: *Consideree vo [la CE] beaulté* ACE, während D ändert in *Considere la grant beaulté.*

113] Das Participe passé, mit *avoir* verbunden, kongruiert im 15. Jahrh. noch häufig mit dem Objekt, auch wenn es demselben vorangeht. Dieser Regel folgen DE 1544: *Car oncques veues ne les avoye*, während wir mit ABC zu lesen haben: *Car oncques veu ne les avoye.*

114] Einigemale ist uns die Kongruenz des Partic. von *estre* in passivischer Ausdrucksweise verbürgt. Vgl. P. 214 *Leurs drois ont estés coinfermez* 𝔄𝔇𝔈 mit 942 *Car la chose a esté tenue* 𝔄𝔅ℭ𝔇𝔈 u. s. w. Zweimal zeigen 𝔄𝔅 die Kongruenz gegenüber den anderen Hss. und 𝔇: P. 147 *une branche] Qui avoit ung peu estee palle* 𝔄𝔅 gegen *qui avoit esté . . palle* ℭ𝔇𝔈 — ebenso 877, wo 𝔄 ganz isoliert steht: *E.cione a estee ravie* 𝔄 gegen *E. a esté ravie* 𝔅ℭ𝔇𝔈.

Adverbium.

114] *Lors*, das sich bis ins 17. Jahrh. hinein erhalten hat, wird von 𝔇 bereits gern gemieden. So schreibt 𝔇 11597 *Alors feuz* statt *Lors je feuz* 𝔄𝔅ℭ𝔈 — 1599 setzt 𝔇 *Adonc* für *Lors* ein ohne weitere Änderung, so dass der Vers zu lang ist.

115] *Oncques* ist bei Milet noch häufig anzutreffen, cf. 1544 *Car oncques veu[es] ne les avoye* 𝔄𝔅ℭ𝔇𝔈. 3328 ersetzt 𝔇 *oncques* durch *tant que*: *J'ay perdu tout qu'onques j'amoye* 𝔄ℭ, *J'ay perdu tout tant que j'amoye* 𝔇.

116] *Ou* in Beziehung auf eine Person wird von Milet 2092 gebraucht. *Tu es celle ou je me fie le plus*. 𝔇 ersetzt *ou* durch *en qui* und lässt als Ersatz *le* fort.

117] *Si* (< lat *sic*) wird von Milet noch vielfach zur Einleitung eines Hauptsatzes verwandt (besonders am Versanfang). Oftmals hat *si* ganz die Bedeutung von *et* angenommen. 𝔇 ersetzt *si* durch *et* 8429, 9209, *et* dagegen durch *si* 2599, 3892, 7288, 8575, 12725.

118] *Ainsi* wird im 15. und 16. Jahrh. häufig durch *par* verstärkt. 𝔇 ersetzt *ainsi* durch *par ainsi* 13455, wahrscheinlich um den Hiat, der hier von Milet geduldet ist, zu vermeiden. *Puis que | hector est mort ainsi* 𝔄𝔅ℭ𝔈.

119] *Trop* tritt in älterer Sprache vielfach in der Bedeutung von „sehr" auf, so auch bei Milet. Es wird daher an vielen Stellen von 𝔇 durch *moult, tres, bien* etc. ersetzt und umgekehrt. 4847 *trop bien* 𝔅ℭ𝔈𝔇, *tres bien* 𝔇 — 843 *trop peu* 𝔄𝔅ℭ, *bien peu* 𝔇 — 603 *moult rebelle* 𝔄𝔅ℭ, *trop rebelle* 𝔇. Analoge Fälle: 9641, 7967, 13392.

120] *Trestant* und *trestout*, Adverbien, die im 17. Jahrh. ausgestorben sind, werden in folgenden Fällen von 𝔇 beseitigt: 479 schreibt 𝔇 *Il me plaist bien du tout ce qu'avez dit* statt *. . trestout . .* 𝔄𝔅 — 1563 *tout premierement* statt *trestout plainement* 𝔄ℭ — 10410 *partant* statt *trestant* 𝔄𝔅ℭ𝔈 — 10167 *Si fort* statt *Trestant* 𝔄ℭ𝔈.

121] Das seltene Adverbium *aucunement* kann, wie *aucun* in älterer Sprache, in positivem und negativem Sinne gebraucht werden. 2257 bessert 𝔇 *je puisse ymaginer*] *Se je luy plaitz aucunement*, wo wir zu lesen haben *Se je luy ples ne tant ne quant* 𝔄𝔅ℭ — 3785 *La quelle ne peult nullement Proffiter* ... 𝔇 statt *Laquelle peult aucunement Proffiter* 𝔄𝔅ℭ𝔈.

122] *Pas* und *point* werden von Milet als gleichwertig behandelt. 𝔇 setzt aber *pas* für *point* ein 639, 1625, 1833, 2908, 4949.

123] Einfaches *ne* genügt nach älterem Sprachgebrauch Milet zur schlichten Negierung noch vollkommen. 𝔇 bekundet schon das Bestreben, *ne* die Massbestimmung *pas* beizugeben; 1389 und 5169 werden *pas* eingeschoben und die Verse zeigen eine Plussilbe.

124] *Non point* ist selbst in älterer Sprache viel seltener als *non pas*. *non point* kommt, meines Wissens, in dem 1. Teil der „Destruction" nur einmal vor, und hier wird es von 𝔇 durch *non pas* ersetzt: 4949 *Coucher non point dessus la paille* 𝔄𝔅ℭ, *Coucher en lit non pas en paille* 𝔇.

125] Dem indefinitiven *nul* finden wir die volle Negation *ne-point* beigegeben 2965: *Homme nul n'en vit point de telle* 𝔄ℭ. 𝔇𝔈 hingegen unterdrücken dem moderneren Sprachgebrauch entsprechend, welcher die dreifache Negation nicht dulde, *nul*, ohne jedoch bei der Änderung Rücksicht auf die Silbenzahl zu nehmen

Präposition.

126] **a und en**. Lokales *a* ist von Milet noch häufig verwandt, wo 𝔇 entsprechend dem modernen Gebrauch, bereits *en* einsetzt. Mit grosser Konsequenz hat 𝔇 die Redensart *se mettre a voye*, wie sie der Dichter gebraucht hat, umgewandelt in *se mettre en voye* (modern: *se mettre en route*), nämlich 108, 209, 2367, 3559, 3326, 5064, 5893, 7256, 7738, 8834, 10347. — In der Redensart *estre a la voye* hingegen ist *a* von 𝔇 unangetastet gelassen; cf. 3432 *je feuz a la voye* 𝔄𝔅ℭ𝔇𝔈.

127] Bei den Verben der Bewegung findet sich in der „Destruction" am häufigsten *a*, doch ist *en* nicht ausgeschlossen. 𝔇 setzt in diesen Fällen meist *en* für *a* ein. Man vgl. 1042 *aller a sa maison* 𝔄𝔅ℭ, *a. en sa maison* 𝔇𝔈 — *D'aler a l'assemblee* 𝔄𝔅ℭ, *D'aler en l'assemblee* 𝔇𝔈 — 6264 *A ce port sont ilz arrivez* 𝔄𝔅ℭ𝔈, *En ce port sont ilz arrivez* 𝔇 —. Dagegen 2867 *aller En ville* 𝔄𝔅ℭ, *aller A la ville* 𝔇𝔈 —

4098 *Je vieng cy en vostre presence* 𝔄𝔅ℭ, *Je vieng a vostre presence* 𝔇.

128] Überhaupt zeigen die Varianten, wo 𝔇 *en* für *a* einsetzt und umgekehrt, wie nahe verwandt diese beiden Präpositionen im 15. Jahrh. gewesen sein müssen. Konsequent schreibt 𝔇 *en la ronde*, wo Milet *a la ronde* bietet; cf. 1356: *Gouvernons cent lieues en la ronde* 𝔇, . . *a la ronde* 𝔄𝔅ℭ𝔈. — Analoge Fälle: 6234 und 8808. — Ähnlich 4022 *Je me pourray trouver en lieu* ℭ𝔇𝔈 statt . . . *au lieu* 𝔄𝔅. — Man vgl. ferner 2066 *J' ancreray la nef en ce port* 𝔇 statt . . *a ce port* 𝔄𝔅ℭ𝔈 — 4289 *nous mettrons la ville] En feu en sang* statt *A feu et sang* 𝔄ℭ(𝔈) — 9279 . . *soubmettre en ta main* 𝔇𝔈 statt . . . *a ta main* 𝔄𝔅ℭ — 9478. *Fichés en trois lances esgües* 𝔇 statt . . *a trois lances agües* 𝔄𝔅ℭ𝔈 (*afficher* scheint 𝔇 nicht mit *en* verbinden zu wollen, da 𝔇 2020 schreibt *En qui j'ai m'a mour fichee* statt *En qui j'ay m' amour afficee* 𝔄ℭ. 𝔈 setzt *enfichee* für *aficee* ein). — Dagegen P 255 *je trouvay a un endroit* 𝔇𝔇 statt . . *en un endroit* 𝔄ℭ𝔈 — 3715 *qui se tient a repos* 𝔇 statt *en repos* 𝔄𝔅ℭ𝔈 — 3774 *Soit au conseil ou soit a table* 𝔇 statt *Soit en conseil* . . 𝔄𝔅ℭ𝔈 — 608 . . *prendre a mariage* 𝔇 statt . . *en mariage* 𝔄𝔅ℭ𝔈.

129] Auch als temporale Präpositionen werden *a* und *en* gern vertauscht: 4605 *a ceste heure* 𝔅𝔇𝔈 statt *en ceste heure* 𝔄ℭ — 7746 *a ceste heure* 𝔇 statt *en ceste heure* 𝔄𝔅ℭ𝔈 — 13626 *jusqu'a perpetuaulté* 𝔇 statt *jusqu'en perpetuaulté*.

130] In 907 schieben 𝔅𝔇𝔈 ein temporales *a* ein; *ceste fois* 𝔄ℭ wird *a ceste fois* 𝔅𝔇𝔈.

131] Lokales *en* wird 777 von 𝔇 gemieden, selbst auf die Gefahr hin, einen Hiat im Verse zu schaffen: *Gard roy priam quelque part que il soit* 𝔇 statt . . . *en quelque part qu'il soit*.

132] Auffällig ist das *en*, das Milet 893 verwendet. Der Vers lautet nach 𝔄𝔅ℭ *vous venez] En nostre majesté royalle*. Nach modernem Sprachgefühl setzen 𝔇𝔈 mit Berechtigung *devant* für *en* ein und schreiben: . .] *Devant la majesté royalle*.

133] **en** und **entre.** Vgl. 10788 *ceste besogne Sera mise entre ses beaulx faiz* 𝔇𝔈 statt . . . *en ses beaulx faix* 𝔄𝔅ℭ mit 13957 *Qu'on voise en trestous greigneurs* 𝔇 statt . . . *entre les greigneurs* 𝔄𝔅ℭ.

134] **de** zur Bezeichnung des Urhebers ist bis ins 17. Jahrh. statt *par* gebräuchlich und wird auch von Milet durchweg in diesem Sinne gebraucht. — 7360 ziehen 𝔇𝔈 bereits *par* vor; *il ara secours par* (statt *de*) *moy*. (Weiteres über *de* und *par* siehe unter *par*, § 142).

135] *de* zur Bezeichnung des Gegenstandes und Anlasses steht nach älterem Brauch regelrecht nach *savoir*. So schreiben 𝔄𝔅ℭ𝔈 in 3880: *Sachez de vray*, während 𝔇 *de* durch *pour* ersetzt. — 2821 verbindet 𝔇 *penser*, wie üblich war, mit *de* (*chacun pense de soy*); die Hss. verbinden es mit *pour*. — Ebenso schreibt 𝔇 13323: *chacun pense de son affaire*, während mit den Hss. zu lesen ist: *chacun pense a son affaire*; also zeigen hier die Hss. bereits die moderne Auffassung.

136] Man vgl. ferner 9676: *Apris de savoir* 𝔄ℭ𝔈 mit *Apris pour savoir* 𝔅𝔇 — 506 umgekehrt *prest pour partir* 𝔄ℭ mit *prest de partir* 𝔅𝔇𝔈. In diesen Fällen war *de* noch im 17. Jahrh üblich, während der moderne Sprachgebrauch die Präpos. *à* verlangt.

137] Unter den Varianten, die Präpositionen beim Infin. betreffen, sind eine Anzahl, welche beweisen, wie schwankend der Gebrauch der Präpos. beim Infin. im 15. Jahrh. war. Zur Einleitung eines Infinitivs haben die Präpos. *de* und *à* seit jeher im Französischen konkurriert. Man vgl. folgende Fälle: 2407 *C'est ma pensee*] *D'y demourer meshuy aussi* 𝔄ℭ (*D'y demourer aussi meshuy* 𝔅), dagegen *A demourer aussi meshuy* 𝔇 — 13064 andrerseits: *J'ay en pensee*] *A toy rendre telle colee* 𝔄𝔅ℭ (*A te rendre telle accollee* 𝔈), dagegen *De te rendre telle accollee* 𝔇. — In 14096 differieren sämtliche Hss. 𝔄 schreibt *Puis qu'il vous a pleu a eslire*; 𝔈 . . . *d'eslire*; 𝔇 . . . *l'eslire*; 𝔅 . . . *de l'eslire*; ℭ *Que puis qu'il a parlé d'eslire*. Die Varianten betreffen also einmal die Präpos. beim Infin. (hier stellt sich 𝔄 allein gegen alle andern Texte; während 𝔈, 𝔅, ℭ sich gegenseitig stützen); andrerseits das Verbum *eslire*, welches in 𝔄, 𝔈, ℭ absolut gebraucht ist, während 𝔅𝔇 dem Verb das Objekt *le* beigeben. So ist die Frage, ob 𝔄 oder 𝔈 beste Lesart ist (ℭ kommt wegen der weiteren Änderung, die im Verse vorgenommen ist, nicht in Betracht). Ich halte 𝔄 für ursprüngliche Lesart. — Mit diesen Varianten vgl. man die in 10899: *Plaise vous entendre* 𝔄𝔅ℭ𝔈, *Plaise vous d'entendre* 𝔇. — Vgl. ferner 9206 *A vous affiert tel* [*telle* 𝔄] *chose a faire* 𝔄𝔅ℭ mit *A vous affiert tel chose faire* 𝔇𝔈 — 12832 *Car je m'atens d'avoir victoire* 𝔄𝔅ℭ𝔈 mit *Car je m'attans avoir v.* 𝔇 — 832 *Se n'a il pas* [*S'il n'a pas* ℭ] *povoir de nous gerroier* 𝔄ℭ𝔈 mit *Si n'a il pas povoir pour nous tous guerroier* 𝔇.

138] Für *par dedans* setzt 𝔇 12277 *en* ein: *je ne doy*] *N'avoir par dedans ma pensee* 𝔄𝔅ℭ, *Ne plus avoir en ma pensee* 𝔇.

139] *fors* ist bei Milet noch häufig anzutreffen, vielfach in der Verbindung mit *que*; cf. P. 142 *fors que la bordure*

𝔄𝔅ℭ𝔇𝔈. — 3640 hingegen haben wir mit 𝔄𝔅ℭ *Fors ung* statt *Fors qu'ung* 𝔇𝔈 — in 9882 mit 𝔄𝔅ℭ𝔈 *Fors Achilles* statt *Fors qu'Achilles* 𝔇 zu lesen.

140] *de deça* wird von Milet mit dem Substantiv, ohne Artikel verbunden, aber von 𝔇 durch *deça* mit Artikel ersetzt: 6149 lautet 𝔄𝔅ℭ𝔈 *la chevallerie | de deça mer*, 𝔇 *la chevallerie | deça la mer* — 13117 𝔄 *La plus gente de deça mer*, 𝔅𝔇ℭ *La plus gente deça la mer*.

141] Kausales *par* wird in 2 Fällen bereits durch *pour* ersetzt 655 *Par quel cause requiert il don* 𝔄𝔅ℭ𝔈, *Pour quelle cause requiert il don* 𝔇 — 11952 *mettre a mort pur vengence* 𝔄𝔅ℭ𝔈, ... *pour vengence* 𝔇. — Umgekehrt setzt 𝔇 *par* für *pour* ein 12677: *pour mon absence vous avez eu desconfort* 𝔄𝔅ℭ𝔈, *par mon absence* ... 𝔇.

142] Im übrigen sind einige Fälle zu verzeichnen, in denen 𝔇 kausales *par* durch andere Präpos. ersetzt: 11743 ... *par grant orgueil Vous venez mon pays saisir* 𝔄𝔅ℭ𝔈, *de grant orgueil* ... 𝔇 — 6165 *ie le dy par charité* 𝔄ℭ, ... *en charité* 𝔇ℭ — 6164 *Pour nous venir guerroyer par oultrage* 𝔄𝔅ℭ𝔈, ... *a oultrage* 𝔇. — *Par* zur Bezeichnung des Mittels wird von 𝔇 gern durch *de* ersetzt: 7160 *enluminé par ta clemence* 𝔄ℭ𝔈, *enluminé de ta science* 𝔅𝔇 — 12851 ... *le songe* ...] *Vient par enseignes de nature* 𝔄ℭ𝔈, *Vient d'enseignements de nature* 𝔇 — 4125 *il ne morra] Par aultre mort que par mes mains* 𝔄𝔅ℭ, *D'autre mort que de par mes mains* 𝔇. — 1075 braucht umgekehrt Milet *de*, und 𝔇 ersetzt *de* durch *par*: *qui gouverne* ...] *Des influences merveilleuses* 𝔄𝔅ℭ, ...] *Par influances m.* 𝔇𝔈.

143] Lokales *par*: 8306 *Et sy dira on par le monde* 𝔄𝔅ℭ𝔈, *Et dira on parmy le monde* 𝔇.

144] *puis* als Präpos. ist selten und seit dem 16. Jahrh. ausgestorben. In der „Destruction" (1. Hälfte) findet sich die Präpos. *puis* meines Wissens nur noch einmal Vers 10617; 𝔇 meidet *puis* bereits ganz und trifft eine Änderung, die sich auf den folgenden Vers erstreckt. 𝔄𝔅ℭ𝔈 schreiben *Puis la premiere deffiance Vous savez qu'on peut ... avoir victoire.* 𝔇 ändert: *Quant la premiere deffiance Est passee on peut* ...

145] *enpres* wird 9982 und 10450 von 𝔇 durch *apres* ersetzt, das hier also in rein lokalem Sinne = *auprès* verwandt ist. 9982 *Et ung compagnon empres elle* 𝔄𝔅ℭ, ... *apres elle* 𝔇 — 10450 *Quant empres moy vous povoie parcevoir* 𝔄ℭ𝔈, *Quant apres moy v. p. p.* 𝔅𝔇.

146] *vers* wird von 𝔇 gern gemieden; vgl. 8793 *devers moy traire* 𝔇 statt *vers moy retraire* 𝔄ℭ𝔈 — 11895 *retournons a nostre pere* statt *r. vers nostre pere* 𝔄𝔅ℭ𝔈 — 674 *Qui nous merra droit a Salemine* 𝔇 (Plussilbe) statt . . . *vers Salemine* 𝔄𝔅ℭ𝔈. — 3854 setzt freilich 𝔇 *vers* für *devers* ein: *Et retournons vers nostre roy* 𝔇 statt *Retournez devers vostre roy* 𝔄𝔅ℭ.

148] *sauf* wird von Milet noch ganz als Adjektiv gefühlt und daher verändert; cf. 11983 *Saulve l'onneur des escoutans* 𝔄𝔅ℭ𝔇𝔈. 1622 hingegen braucht 𝔇 *sauf* als reine Partikel und schreibt *Sauf l'honneur de | hector mon frere* statt *Saulve l'onneur d'hector mon frere* 𝔄𝔅ℭ𝔈.

147] Die weiteren Varianten, welche Präpos. betreffen, sind von untergeordneter Bedeutung; sie sind durch verschiedene Auffassung entstanden. Derartige Varianten sind z. B. 6107 *je vieng D'Athenes de ma marchandise* 𝔄𝔅ℭ, . . . *en ma marchandise* 𝔇𝔈 — 9566 *Et ce qui est au font du ceur* 𝔄ℭ𝔈, . . . *aupres du cueur* 𝔅𝔇 — 2819 *Venez vous ent avecques moy* 𝔄𝔅ℭ, . . . *tous apres moy* 𝔇𝔈. — Hierher gehören auch die häufigen Verwechselungen von *devant* und *devers* in Verbindung mit *aller, venir, envoyer*. 1008 und 3575 müssen wir *devers* statt *devant* 𝔇 einsetzen, 1744, 4856 und 6713 dagegen *devant* statt *devers* 𝔇.

Konjunktion.

149] *que*, nach *si* [= „so wie"] wird 6250 in 𝔇 durch *comme* verdrängt, das sich bis ins 17. Jahrh. hinein in dieser Bedeutung behauptet hat.

150] *ainsi comme* wird von 𝔇 immer gemieden und jedesmal durch *ainsi que* ersetzt: 167, 4215, 6294, 7735, 12813.

151] *a ce que* [= „wie"] ist selten. 2376 schreibt darum 𝔇: *Si est bon ainsi que je croy* statt . . *a ce que je voy* [*croy*] 𝔄𝔅ℭ𝔈.

152] *que* = als nach Komparativen etc. wird vielfach mit *de* vertauscht. So schreiben 𝔇𝔈 z. B. *plus de vingt* statt *plus que vingt* 𝔄𝔅ℭ — 3996 andererseits 𝔇𝔈 *aultre que moy* statt *aultre de moy* 𝔄𝔅ℭ.

153] *et . . . et* wird von 𝔇 gemieden: 752 *je mettray et mon corps et ma vie* 𝔄𝔅ℭ𝔈, *tout mon corps* 𝔇. 258 *Et lui et Eneas ensamble* 𝔄𝔅; *Lui et Eneas tous ensemble* 𝔇ℭ𝔈. — *Ne . . . ny* ist durch 𝔄 verbürgt 12012: *ne pour change ny autrement*, während 𝔅ℭ𝔇 dafür *ne . . . ne* schreiben, ℭ: *ne . . . ou*. — 2513: *Ny au temple n'enmy* [*n'aval*] *les rues* 𝔄𝔅ℭ𝔈; *Au temple ne aval* 𝔇.

Wortstellung.

154] Die Freiheit in der Wortstellung ist im 15. Jahrhundert noch nicht durch strenge Regeln eingeschränkt. Die Dative des Pronomens erster und zweiter Person treten noch meist hinter *le, la, les;* doch ist die moderne Stellung auch schon im 15. Jahrhundert anzutreffen. So schreiben bereits 𝔄𝔅ℭ 13803: *Et pour dieu ne me l'ostez mie,* während 𝔇ℭ *le* vor *me* stellen: *... ne le m'ostez mie.* — 1739 umgekehrt ist mit 𝔄𝔅ℭℭ zu lesen: *je le te commande* statt *je te le commande* 𝔇.

155] Während in der modernen Sprache das Pronomen vor den Infinitiv gestellt wird, wurde bis ins 17. Jahrh. hinein das Pronomen vor das Verbum finitum gesetzt, da man Verbum finitum und Infinitiv, falls derselbe ohne Präpos. auftrat, als einen Begriff auffasste. Nach damaligem Brauche schreiben daher 𝔄𝔅ℭ regelrecht 11591: *Si se sentist bien traveiller.* 𝔇 zeigt hingegen schon die moderne Stellung: *Si sentist bien se traveiller.* — In 5028 wiederum zeigen 𝔄𝔅(ℭ) moderne Stellung: *Nous devons nous bien employer,* 𝔇 die veraltete: *Nous nous devons b. e.*

156] Bei 𝔇 lässt sich die Tendenz nicht verkennen, zusammengehörige Satzteile, die in den Hss. getrennt sind, zusammenzustellen: 274 *Et ne faisons cy plus d'arrest* 𝔅𝔇ℭ statt .... *plus cy d'arrest* 𝔄ℭ — 744 *Et ne me fay cy plus d'arrest* 𝔇ℭ statt .. *plus cy d'arrest* 𝔄𝔅ℭ — 9538 *J'ay esté de ce dart feru* 𝔅𝔇 statt *J'ay de cest arc esté feru* 𝔄ℭ — 12125 *Qui par le peuple peut venir* 𝔇ℭ statt *Qui peut par le peuple venir* 𝔄𝔅ℭ — 11879 *Laquelle a Troye est demouree* 𝔇 statt *Laquelle est a Troye demouree* 𝔄𝔅ℭℭ — 13105 *Quant ainsi avez abatu* 𝔇 statt *Quant avez ainsi abatu* 𝔄𝔅ℭℭ — 480 *Il m'est advis que, s'Anthenor s(i) adonne* 𝔇 statt *il m'est advis s'Anthenor .,* [*que* folgt im nächsten Verse] 𝔄𝔅ℭℭ. Beispiele liessen sich leicht vermehren.

157] Die **Inversion** ist einigemale von 𝔇 aufgehoben, so 2131 *Et la j'ay veu ung Troyan* statt *... ai je veu* 𝔄𝔅ℭ — 7953 *A guerdonner on doit prendre plaisance* statt *... doit on* 𝔄𝔅ℭℭ — 4486 *A vostre commandement ...*] *Suis tenu* statt *Tenu suis* 𝔄𝔅ℭℭ — 10312 *Enfant a ce cop tu mourras* statt *mourras tu* 𝔄𝔅ℭℭ. Diese Änderung hat die Variante in 10314 hervorgerufen: *Jcy de malle heure arrivas* 𝔇 statt *Tu es a mal heure venu* 𝔄𝔅ℭℭ.

158] In folgenden Fällen dagegen hat 𝔇 die Inversion eingeführt: 2581 *Certes ne reverrez vous mie* 𝔇ℭ statt *Certes vous ne reverrez m.* 𝔄𝔅ℭ — 1052 *A vous voulons nous obeir* 𝔇ℭ statt *Nous voulons a vous obeir* 𝔄𝔅ℭ — 9708 *Mourir vous feroient* 𝔅𝔇 statt *Vous feroient mourir* 𝔄ℭℭ.

Wortschatz und Wortgebrauch.

159] Von den ungemein zahlreichen Varianten, die synonyme Ausdrücke betreffen, interessieren uns an dieser Stelle nur diejenigen, wo eine beabsichtigte Änderung vorliegt, wo 𝔇 für ein älteres ein jüngeres, für ein seltenes ein gebräuchlicheres Wort einsetzt. Danach bringe ich einige Varianten zur Sprache, welche seltene Ausdrücke betreffen, wo die beste Lesart fraglich ist.

anuiter, meist = *se faire nuit*, ist in älterer Sprache auch als Subst. = „Nacht" gebraucht [Godefroy], so auch von Milet 10202: *Au jour d'huy avant l'anuiter* 𝔄ℭ. 𝔅ℭ schreiben statt *anuiter*: *la nuytee* und verletzen damit den Reim (: *entrer*); 𝔇 schreibt *Au jour d'huy a moy limiter*.

besans = *bouton*, findet sich nur einmal belegt [Godefroy]. 𝔇 scheint das Wort nicht zu kennen, da für *besans* in 𝔇 *blans* eingesetzt ist. *blans* wohl = *blancs*, ein veralteter Ausdruck, *petite monnaie de cinq deniers* [Littré]. 10879-80 lautet *Peu gaigne celui qui pert treize Besans [Blans* 𝔇*] pour en acquester diz* 𝔄𝔅𝔇ℭ. Der Vers hat in 𝔇 nur sieben Silben.

collee wird 13064 von 𝔇 durch *accollee* ersetzt. *accollee* ist sonst nur in der Bedeutung von „Umarmung" belegt, hier hat das Wort die Bedeutung von *collee* = *coup sur le col* angenommen.

dolousement scheint 𝔇 bereits unbekannt zu sein, da 1930 (*Laissiez doncques tout ce dolousement* 𝔄𝔅ℭ) von 𝔇 geändert wird in: *Laissez dont tout ce douloureusement*.

exacteur ist nur in der Bedeutung von „Gerichtsvollzieher" o. ä. belegt. Bei Milet ist das Wort 10593 in allgemeinerer Bedeutung verwertet. Der Passus lautet: *Or est exacteur de ces maulx Hector* ... 𝔇 schreibt dafür: *Or est executeur des maulx Hector*. Es ist dies nicht die einzige Stelle, wo 𝔇 für einen spezifisch juristischen Ausdruck ein allgemein gültiges Wort einsetzt; vgl. *acquester* und *admonester* unter § 161.

faiture hat 2107 die Bedeutung „Geschöpf". 𝔇 ersetzt *faiture* durch *creature*.

fleur hat in älterer Sprache stellenweise die Bedeutung „Duft"; so auch in der „Destruction" 8879. 𝔇 schreibt dafür *fleureur*.

gens ist 9197 von Milet als subst. masc. gebraucht, von 𝔄𝔇ℭ als subst. fem.: *trestous mes gens* 𝔄ℭ, *toutes mes gens* 𝔅𝔇ℭ.

groisseur wird in 𝔇 zu *largeur* (2941).

hait [= *souhait*] findet sich noch bei Michault [cf. Godefroy]. 10791 wird in 𝔇 *hais* bereits durch *souhaitz* ersetzt.

labeur ist 5378 von Milet als subst. masc. gebraucht (*ma labeur*), während 𝔇𝔈 *mon labeur* schreiben.

mie statt *amie* zeigt sich 3077: *Si me veullez avoir a mie* 𝔄𝔅ℭ𝔈 (oder . . v. a. *amie?*); 𝔇 schreibt *S. m. v. avoir a amie* und verstösst gegen die richtige Silbenzahl.

nave [*naive*] wird von 𝔇 gemieden und zwar 1708 durch *voille*, 681 durch *nef* ersetzt. Vers 681 zeigt daher in 𝔇 eine Silbe zu wenig.

Auch *navie* ist 𝔇 bereits unbekannt; denn 1624 und 752 ersetzt 𝔇 *navie* durch *navire*, im letzteren Falle sogar ohne Rücksicht auf den Reim [: Thaye] zu nehmen.

penance, ein Wort, das sich in den Mystères noch häufig findet, wird von 𝔇 gemieden und durch *souffrance* ersetzt (Vers 1977).

Das seltene Wort *preu*, das im 15. Jahrh. ausstirbt, findet sich bei Milet noch 5469: *En exaussant vostre preu et honneur*. 𝔇 schreibt statt *preu : poir* (wohl kontrahierte Form aus *pooir*).

redempcion wird in 𝔇 zweimal: 4189 und 12228 durch *redduction* ersetzt. Vielleicht kannte 𝔇 *redempcion* nur als kirchlichen Ausdruck und wollte das Wort nicht in dem Sinne von „Auslösung von Gefangenen" brauchen, wie Milet es thut.

sellature (durch Kontraktion aus *sepellature* entstanden?) von 𝔇 ersetzt durch *sepulture* (13668).

In älterer Sprache finden sich nebeneinander die beiden Subst. *subtilité* und *soubtiveté*. 𝔇 bevorzugt die letztere Form; denn Vers 10612: *Trouvant quelque subtilité* 𝔄𝔅ℭ lautet in 𝔇: *Pour y trouveé soubtiveté* (Vgl. P. 20 *soublivement* 𝔄𝔇, *soubtillement* 𝔅ℭ𝔈).

trompe steht in älterer Sprache ganz gewöhnlich statt *trompette*. 3899 screibt sber 𝔇 *A trompettes cors tambours* ... statt *A trompes cors et tambours* ... 𝔄ℭ𝔈.

vis [„Gesicht"] findet sich noch in „Les XV Joyes de Mariage". Auch Milet verwendet das Wort noch 1081 *Les nouvelles . . Font les lermes . . . au long de mon visz degouter* 𝔄𝔅; ℭ𝔇𝔈 schreiben statt *mon visz : mes yeulx*.

vis [= *advis*], in älterer Zeit in der Redensart *il m'est vis* sehr gebräuchlich, wird 2106, 4508, 6373, wo es von Milet noch verwandt ist, bereits von 𝔇 gemieden und durch *advis* ersetzt.

160] **espoventable** ist von Milet 8386 in **passivischer**

Bedeutung verwandt, ein Brauch, der sich sonst nicht belegen lässt. 𝔇 ändert den Passus derartig um, dass *espoventable* aktivische Geltung erhält. 8386-89 lauten in 𝔄ℭℰ: *Vous me cuidiés espoventable Quant tel chose me demandez Mais crez que pas n'est acceptable (Croyez qu'il n'est pas acceptable* ℭ, *Croyez que pas n'est acceptable* ℰ) *Vers moy ce que vous requerres* 𝔄ℭℰ; in 𝔇: *Croyez que pas n'est acceptable Vers moy ce que me demandez Point ne m'estes espoventable Vous estes par trop mal fondez.*

mais [= *mauvais*] stirbt in der Mitte des 15. Jahrh. aus. 𝔇 ersetzt *mais* durch *mauvais* 3253, 3949 und 11445. 3253 trifft 𝔇 keine weitere Änderung, so dass der Vers zu lang ist, 3499 schreibt 𝔇 *qu'eusse* statt *que j'eusse*, 11449 *mains mauvaise nuitee* statt *mainte maise n.* 𝔄ℭ.

161] *acquester* ist ein juristischer Terminus — *acquerir un immeuble* [Littré], der aber dem estudiant ès loys Milet so geläufig ist, dass er ihn verschiedentlich auch in weiterem Sinne verwendet. 𝔇 sucht das Wort zu meiden; denn 345 wird *acquester* durch *recouvrer*, 9899 durch *acquerir* in 𝔇 ersetzt. — 10880 dagegen hat 𝔇 *acquester* beibehalten.

Desgleichen ist *admonester*, ein Wort, das Milet in der Bedeutung von „ermahnen" 9441 braucht — das Wort hat eigentlich die Bedeutung *faire une rémonstrance* [Littré] — von 𝔇ℰ gemieden und durch *administrer* ersetzt, wodurch der Sinn des Satzes total geändert ist. Vgl. auch *exacteur* § 159.

emprendre (8522) in 𝔇 bereits durch *entreprendre* ersetzt.

Die Redensart *monstrer samblant* scheint 𝔇 nicht zu kennen. 13514 *Sans monstrer samblant de douleur* 𝔄ℭ lautet in 𝔅𝔇: *Sans monstrer ne muer couleur.*

mort wird in älterer Sprache hier und da aktivisch (= „getötet") gebraucht. Auch Milet verwendet das Wort in diesem Sinne 3531: *Car par eulx fut mon pere mort* 𝔄𝔅ℭ𝔇ℰ. Während hier sämtliche Hss. und 𝔇 das Wort in diesem Sinne dulden, schreibt 𝔇 6245 statt *Lequelz ont vostre pere mort* 𝔄𝔅ℭ: *Qui vostre pere mirent a mort.*

naistre kann die Bedeutung von „erzeugt werden" annehmen; vgl. 2044 *d'un pere nez* 𝔄𝔅ℭ𝔇ℰ. Auch 5750 ist das Wort so gebraucht worden, denn 𝔄𝔅ℭ schreiben: *nez d'un pere.* ℰ dagegen zeigt die Lesart *nez d'une mere*, 𝔇: *faiz d'ung pere.*

requerre steht in älterer Sprache zeitweise in der Bedeutung von „angreifen". Dass *requerre* in diesem Sinne auch noch am Ende des 15. Jahrh. bekannt war, beweist die Lesart

𝔇 6259: *Et s'il(z) vous viennent cy requerre* statt *Et sy la vous viennent requerre* 𝔄𝔅ℭ𝔈.

162] Ungemein zahlreich sind die Varianten an solchen Stellen, wo sich technische Ausdrücke häufen. Da vielfach jeder der Texte eine individuelle Lesart aufzuweisen hat, da es sich ausserdem um seltene Wörter handelt, so ist die beste Lesart nicht immer mit Sicherheit festzustellen.

Vers 2946 scheint 𝔄 die ursprüngliche Lesart zu bieten: *Elles* [i. e. *les tournelles*] *sont toutes crenelees*. 𝔇 und ℭ kennen nur die erweiterte Form *escarnelees* [resp. *escrenelees*]. 𝔅 und 𝔈 kennen das Wort gar nicht, sie schreiben *entaillees* resp. *entrelevees*. Um das viersilbige Wort verwenden zu können, schreiben 𝔇𝔈 *Ilz* statt *Elles*.

2957 scheint *basses* 𝔅ℭ𝔈 beste Lesart zu sein, obgleich die Erklärung, die Godefroy für dieses Wort giebt: — *vase en bois* für diese Stelle nicht zutrifft. Der Passus lautet: *Les coulonnes sont de courail Et les basses toutes dorees*. Vielleicht hat *basses* hier den Sinn von *voultes* 𝔄ℭ. *Basses* (𝔅𝔇𝔈) scheint mir ursprüngliche Lesart zu sein, weil der Kopist 𝔄 nachträglich *basses* in *voultes* umgeändert hat. Es lässt sich deutlich in 𝔄 *bas[ses]* erkennen, obgleich das Wort durchstrichen ist.

2973 ist *portes* (𝔇) durch *poutres* 𝔅ℭ𝔈 zu ersetzen. Die Stelle lautet in 𝔇 *La salle ... est ... vaultee ... Tout de riches portes cedrines*. Godefroy führt als Beleg für *cedrines* [„aus Cedernholz"] diesen Vers an nach dem Drucke 1544, und zwar mit *portes*. Der Zusammenhang lässt indes nur *poutres* zu. Die Lesart 𝔄: *pierres* ist wegen des Epitheton *cedrines* ausgeschlossen.

3900 wird die beste Lesart wohl von ℭ repräsentiert: *Clarint sonnant doulcive accordee*. 𝔈 stützt ℭ, was *doulcive* anlangt, denn 𝔈 bietet: *Clarins sonnans, doulcives accordees* [: *esprouveés*]. Die Varianten 𝔄 [*Clarins sonnans doulcement accordee*] und 𝔇 [*Clarins sonnans de doulceur accordee*] scheinen dadurch hervorgerufen zu sein, dass 𝔄𝔇 *doulcive* nicht kennen. Die Lesart 𝔄 ist auch grammatisch unmöglich.

Das Wort *instructacions*, das von 𝔇𝔈 13698 geboten wird — der Passus lautet: *Si vueil les instructacions de la planette du thumbeau Estre faictes a troys lyons* — scheint beste Lesart zu sein, obgleich es sich weiter nicht belegen lässt. Jedenfalls kann die beste Lesart nicht 𝔄𝔅 sein, die schreiben *Sy veulliez les instructions*; denn einmal steht Vers 13698 in Parallele mit 13614, 13622, 13630, die mit *Apres vueil, Je vueil* beginnen, so dass 13698 *Sy vueil* gesichert, und schon der Silbenzahl halber *instructions* unmöglich ist; andrerseits ist aber auch Lesart 𝔄𝔅 sinnlos. ℭ trifft eine Änderung, die sich auf 3 Verse erstreckt und sich unschwer als spätere Verbesserung erkennen lässt. Die Schwierigkeit geht jedenfalls auf die den Texten gemeinschaftliche Vorlage zurück, da 𝔄 durch 𝔅 gestützt wird.

13669 schreibt 𝔇 ... *il vous fault apporter ... tout instrument convenable ... a grant euvre et a traicture.* Für *grant euvre* ist zweifellos *graveure* zu lesen, das durch 𝔄𝔅ℭ𝔈 verbürgt ist. Schwerer ist zu entscheiden, ob *a traicture* 𝔅𝔇 beizubehalten oder durch *extraicture* 𝔄ℭ resp. *pourtraicture* zu ersetzen ist. Wahrscheinlich ist 𝔄ℭ beste Lesart, wenn auch Godefroy keine genügende Erklärung für *extraicture* [= extraction] giebt.

Für die Varianten 13726: *Humaines* 𝔅𝔇, *Thiriaine* 𝔄, *Thuraine* ℭ, *Manne* 𝔈 ist kein weiterer Beleg zu finden. Es sind dies Bezeichnungen für wohlriechende Pflanzen oder Salben.

In 5950 ist die beste Lesart überhaupt nicht mehr festzustellen, da Hss. und 𝔇 Wörter zeigen, die sich nicht weiter belegen lassen. 𝔄ℭ schreiben *enprennoné(?)*, 𝔅 *enplonné*, ℭ *empavonneé*, 𝔇 *tout palonné*. In Godefroy ist *palonné* zu finden, aber als einziger Beleg für den Ausdruck [= orné] ist unser Vers nach der Ausgabe von 1544 angeführt. — Sicher dagegen ist, dass *est* (𝔇) in diesem Verse durch *et* (𝔄𝔅ℭ𝔈) zu ersetzen ist.

Stilistische Änderungen.

163] Eine Anzahl von Varianten ist hervorgerufen durch das Bestreben von 𝔇, eine unbeholfene Ausdrucksweise des Dichters zu glätten, einen Ausdruck, der ihm zu kräftig erscheint, zu mildern, einen Ausdruck kräftiger zu gestalten u. s. w. Gerade aus diesen Fällen erkennen wir am besten, dass 𝔇 nicht immer ohne Nachdenken und rein mechanisch gearbeitet hat. Derartige Varianten sind beispielsweise folgende: Statt *Mais je doy bien haïr mon frere* 𝔄ℭ𝔈 Vers 6641 schreibt 𝔇: *Mais je doy peu ainer m. f.* — 6615 statt *Garce, se vous ne vous taisez* 𝔄ℭ𝔈: *Cassandra se ne vous taisez* (*Garce* hat etwa die Bedeutung gehabt wie „Dirne", der Ausdruck erschien 𝔇 zu stark, da Priam seine Tochter anredet). — 7199 statt *Et saulrons hors de l'oratoire* 𝔄ℭ: *Et partirons de l'oratoire* — 12889 statt *De sailler ennuit en bataille* 𝔄𝔅ℭ𝔈: *De se mettre ainsi e. b*; — 13095 statt *Vous aurez au cuer froide joye* 𝔄𝔅ℭ𝔈: *Aucune foiz n'aurez pas joye* — 193 statt *Priam, le puissant dieu des dieux* 𝔄ℭ: *Trespuissant roy, le dieu des dieux* (*Priam* ist Anrede; 𝔇 wollte die Anrede des Königs ohne Epitheton nicht dulden), — 5715 statt *Vous le povez assez savoir* 𝔄𝔅ℭ𝔈: *Vous le devez a. s.* — Hierher gehören ferner die Fälle, wo 𝔇 das nichtssagende *faictes* resp. *faictement* durch stärkere Ausdrücke ersetzt, so 625 *Sy folles choses* 𝔇 statt *Sy faictes choses* 𝔄𝔅ℭ — 820 *blasmer sy rudement* 𝔇𝔈 statt *blasmer sy faictement* 𝔄ℭ — 8713 *si sotement .. perdre la vie* 𝔅𝔇 statt *si faictement perdre la vie* 𝔄ℭ.

Sonstige Varianten.

164] Bisher sind im allgemeinen nur solche Varianten zur Sprache gebracht, die von sprachhistorischem Interesse sind. Wir erkennen aus diesen Varianten, wie schwankend im 15. Jahrhundert der Gebrauch der Sprache ist: wir sehen, dass der Druck, der bereits 32 Jahre nach Fertigstellung des Originals erscheint, eine grosse Zahl von Formen und Ausdrucksweisen, die ihm nicht mehr geläufig sind, aus dem Texte entfernt und jüngere Sprachformen dafür einsetzt, wir sehen andrerseits, dass in einer Reihe von Fällen 𝔇 anstelle einer jungen Sprachform, die sich in seiner Gegend, in seinen Kreisen noch nicht eingebürgert hat, noch die ältere Form zur Anwendung bringt. Auch lehren uns diese Varianten, dass 𝔇 nicht immer ohne Überlegung gearbeitet hat: denn zugegeben auch, dass eine grosse Zahl der Lesarten unbewusst von 𝔇 in den Text hineingebracht ist, so ist doch zweifellos sicher, dass auch gar häufig die Absicht bei 𝔇 vorgelegen hat, durch seine Änderung den Text zu verbessern.

165] Es gilt nun noch derjenigen Varianten Erwähnung zu thun (ihre Zahl ist bei weitem grösser als die der bisher besprochenen Varianten), bei denen ein Grund für die Änderung nicht einzusehen ist, bei denen auch meistenteils wohl keine Absichtlichkeit vorgelegen hat. Diese Varianten entbehren naturgemäss jeglichen tieferliegenden Interesses; ihre Erwähnung soll lediglich dazu dienen, um zu zeigen, wie nachlässig 𝔇 bei seiner Arbeit zu Werke gegangen ist. Im übrigen genügt ihre Aufzählung in Teil II.

166] Bei der Art und Weise, wie die damaligen Kopisten wohl alle ihre Arbeit ausführten — indem sie nämlich nicht Zeile für Zeile abschrieben, sondern einen mehr oder weniger grossen Komplex von Versen erst lasen, um ihn dann aus dem Gedächtnis niederzuschreiben — liegt es auf der Hand, dass ihnen gar leicht anstelle eines im Original gebrauchten Ausdrucks ein synonymer Ausdruck ganz unabsichtlich in die Feder kam oder ein Wort mit ähnlicher Bedeutung, durch das der Sinn des Verses nicht wesentlich verändert wurde. Auch bei 𝔇 sind derartige Varianten, die Synonyma betreffen, ungemein zahlreich. Dass in den zu erwähnenden Fällen keine Absichtlichkeit die Variante veranlasst hat, geht einmal daraus hervor, dass wir es meistens mit sehr geläufigen Ausdrücken zu thun haben, andrerseits daraus, dass oftmals 𝔇 denselben Ausdruck, den er einmal meidet, an einer anderen Stelle braucht, wo die Vorlage denselben nicht aufzuweisen hat.

167] 𝔇 setzt ein synonymes resp. sinnverwandtes Substantiv für ein anderes Substantiv ein in 152, 260, 296, 299, 311, 361, 776, 851, 1116, 1133, 1197, 1225, 1313, 1511, 1699, 1774, 1839, 1914, 1954, 1967, 2192, 2362, 2774, 3288, 3318, 3478, 3596, 3704, 3746, 3911, 4040, 4149, 4159, 4559, 4563, 4941, 5192, 5452, 5615, 6147, 6539, 6741, 6772, 6858, 6908, 6998, 7068, 7071, 7160, 7231, 7359, 7372, 7510. 7574, 7872, 7890, 8063, 8118, 8350, 8678, 8760, 8912. 8989, 9104, 9155, 9176, 9278, 9674, 9939, 10079, 10081, 10196, 10388, 10503, 10588, 10880, 10987, 11107, 11190, 11338, 11414, 11503, 11626, 11691, 11692, 12109, 12192, 12230, 12262, 12360, 12569, 12851, 13077, 13094, 13523, 13568. Als Beispiele greife ich folgende Fälle heraus: 152 *Jupiter le grand dieu des cieulx* 𝔄𝔅ℭ𝔈, *Jupiter le grand roy des cieulx* 𝔇 (Ähnlicher Fall 260) — 296 *Et de troye le souverain pasteur* 𝔄𝔅ℭ𝔈, *... le souverain seigneur* 𝔇 — 361 *Dieu Apollo* 𝔄𝔅ℭ𝔈, *Sire Apollo* 𝔇 — 776 *Le dieu des dieux* 𝔄𝔅ℭ, *Le dieu des cieulx* 𝔇 — 1511 *... mon oeul plus ne le vit* 𝔄𝔅ℭ, *mon ceur ...* 𝔇𝔈 — 1954 *... amour de mere est tendre* 𝔄𝔅ℭ𝔈, *amour de femme ...* 𝔇.

168] Sehr häufig sind auch die Fälle, wo 𝔇 ein synonymes oder doch sinnverwandtes Adjektiv für ein anderes einsetzt, z. B. 798 *belle et ieune pucelle* 𝔇 statt *ieune et gente pucelle* (𝔄𝔅) — 7357 *bon ami* 𝔇 statt *vray ami* — 1482 *La plus noble de ce pays* 𝔇𝔈 statt *L. p. belle de c. p.* 𝔄𝔅ℭ — 2881 *tres belle compaignie* 𝔇𝔈 statt *tres noble compaignie* 𝔄𝔅ℭ. — Desgleichen ist oftmals ein Adjektiv mit einem Possessivpronomen vertauscht, z. B. 2830 *mon pere* 𝔇𝔈 statt *chier pere* 𝔄𝔅ℭ, 12950 *ton arroy* 𝔅𝔇𝔈 statt *bon arroy* 𝔄ℭ. Ich fasse diese Fälle zusammen (zu denen noch einige andere hinzukommen, wie 10069 *bien secours* 𝔇𝔈 statt *bon secours* 𝔄𝔅ℭ oder 10053 *loup non sasiable* statt *loup insatiable* 𝔄ℭ𝔈 oder 8358 *cinq filz* 𝔅𝔇𝔈 statt *beaulx filz* 𝔄ℭ).

69, 331, 660, 694, 756, 781, 783, 1096, 1801, 1824, 2301, 2544, 2637, 2881, 2981, 3323, 3545, 3975, 4157, 4283, 5104,

6452, 6490, 6913, 7080, 7236, 7351, 7381, 7514, 7648, 8444, 8740, 8778, 9026, 9184, 9675, 9725, 9768, 9788, 9958, 10170, 10256, 10291, 10628, 11446, 11730, 12124, 12326, 12971, 13958, 14005, 14002.

169] Folgende Varianten betreffen synonyme oder sinnverwandte, von Adjektiven gebildete Adverbia 2183, 2520, 4272, 4568, 4570, 5320, 5858, 6726, 6764, 7959. 8419, 8505, 9144, 9601, 10282, 10490, 10485, 10735, 12042, 13155. Als Beispiele mögen folgende Fälle dienen: 3446 schreibt 𝔇 ... *mandes les seigneurs ... presentement* statt ... *premierement* 𝔄𝔅ℭ𝔈 — 3611 *Qu'a lui veniez appertement* statt ... *presentement* 𝔄𝔅ℭ𝔈 — 225 *Dictes le moy incontinent* statt ... *presentement* 𝔄𝔅ℭ𝔈 — 7165 *prevandres saulvement* statt *pervend(e)res seurement* 𝔄ℭ — 8455 *dire seurement* statt *dire secretement* 𝔄ℭ.

170] Sinnverwandte reine Adverbien sind vertauscht 1724, 1835, 1944, 1951, 2624, 5013, 5754, 5806, 6502, 7007, 7396, 7687, 8688, 8948, 9086, 9089, 9124, 9456, 9945, 10402, 11308, 11945, 11941, 12744, 13739, 13649. Beispiele: 1944 *bien grant vitupere* ℭ𝔇 statt *tres g. v.* 𝔄𝔅ℭ — 776 ... *qui tres loing voit* 𝔇 statt ... *bien loing* ... 𝔄𝔅ℭ — 11201 *bien renommé* 𝔇𝔈 statt *tout r.* 𝔄𝔅ℭ — 13649 *querre ... tout maintenant* 𝔇 statt *q. incontinent* 𝔄ℭ — 8252 *moult fort courcé* 𝔇 statt *tres fort c.* 𝔄𝔅ℭ𝔈 — 10845 *tres fort traveillez* 𝔇𝔈 statt *assez t.* 𝔄𝔅ℭ.

171] Als Beispiele für das Vertauschen von sinnverwandten Verben (von demselben Stamme gebildet) mögen folgende Fälle dienen: 8 *cité restablie* 𝔇 statt *c. establie* 𝔄𝔅ℭ𝔈 — 18 *Or ai je ... establie ... ma ville* 𝔇 statt ... *restablie ...* 𝔄ℭ. — 2868 *raconter* 𝔇 statt *compter* 𝔄ℭ — 3640 *qui m'a compté* 𝔇 statt ... *raconté* 𝔄𝔅 — 9127 *Mais pour voir je vous certiffie* 𝔅𝔇 statt *Mais pour tout voir je vous affie* 𝔄𝔅ℭ 14058 *Car pour certain je vous affie* 𝔇 statt *C. p. voir je vous certiffie* 𝔄𝔅ℭ𝔈.

Ähnliche Fälle finden sich 872, 881, 1378, 1634, 2020, 2546, 2868, 3155, 3640, 3818, 4019, 4113, 4116, 5215, 5715, 5754, 5845, 5997, 6211, 6213, 6490, 6617, 7315, 7522, 7917, 8407, 8793, 9422, 9558, 10450, 10461, 10954, 11102, 11185, 11457, 11589, 12725, 12084, 13283, 13439, 12473, 13681, 14145.

172] Varianten, welche Verba von gleicher oder ähnlicher Bedeutung betreffen, sind z. B. folgende: 742 *Je feray dommager* 𝔅𝔇𝔈 statt *J. f. laidanger* 𝔄ℭ — 8500 *je vous supplie* 𝔅𝔇 statt *je vous emprie* 𝔄ℭ𝔈 — 9825 *trompettes cornez*

𝔅𝔇 statt *tr. sonnez* 𝔄ℭ𝔈 — 9932 *Il vous fault la tierce* [i. e. bataille] *mener* 𝔇 statt *Il vous convient l'autre mener* 𝔄𝔅ℭ.

Analoge Fälle: 109, 155, 249, 427, 539, 676, 802, 823, 836, 917, 1213, 1414, 1558, 1716, 1722, 1778, 1986, 2087, 2376, 2669, 2841, 3480, 3566, 4101, 4110. 4136, 4273, 4340, 5348, 5562, 5567, 5734, 5858, 5918, 6490, 6550, 6699, 6912, 7333, 7473, 7744, 7746, 8142, 8347, 8433, 8570, 8579, 8686, 8694, 8708, 9792, 9665, 9678, 9831, 9898, 9938, 10013, 10081, 10136, 10266, 10462, 10616, 10710, 10779, 10798, 10809, 11200, 11302, 11388, 11483, 12200, 12244, 12266. 12650, 12745, 12762, 12903, 12959, 12980, 13084, 13086, 13326, 13340, 13370, 13432, 13808, 14248.

173] Weitere Änderungen sind von 𝔇 an dem Texte durch Einsetzen eines Plurals statt eines Singulars (und umgekehrt) verursacht, ohne dass sich ein ersichtlicher Grund dafür auffinden liesse.

𝔇 braucht den Plural eines Nomens statt des Sing. 1244, 2269, 3907, 3920, 6380, 7228, 8575, 10010, 11654, 11656 — den Sing. statt des Plur. 301, 533, 1904, 3965, 4067, 5641, 6266, 7093, 7692, 8077, 9438. (Wenn 𝔇 wiederholt *dieu* statt *dieux* schreibt, so haben wohl die christlichen Anschauungen des Druckers, ohne dass derselbe sich dessen bewusst war, diese Änderungen veranlasst.)

Wie beim Subst., so ist auch beim Pronomen häufig in 𝔇 der Plural zu finden, wo nach den Hss. der Sing. einzusetzen ist, so 961, 1222, 7651, 10109, 11,039, 13413. — Umgekehrt findet sich in 𝔇 der Sing. statt des Plur. 368, 552, 1683.

174] In der Anrede verwendet Milet meist den Plural; doch werden die Söhne von ihren Vätern, die Boten und Diener von ihren Herren vielfach im Sing. angeredet. Auch die Gegner sprechen einander häufig im Sing. an, wenn sie sich im Kampfgewühl begegnen und sich, bevor sie handgemein werden, mit Spottreden begrüssen. Wenn Priam 310 ff. Paris und Deiphebus mit *vous*, Helenus aber und Troillus mit *toy* anspricht, so liegt hier sicherlich eine Absicht des Dichters vor, da Helenus und Troillus Priams jüngste Söhne sind; desgleichen, wenn Priam seinen Boten Mathabrun 81 ff. im Sing., Priams Söhne dagegen und die Granden, an die Mathebrun abgesandt ist, den Boten im Plural anreden. — In der Rede des Helenus 1641 ff. ist in den Texten keine Konsequenz bewahrt: Während sonst immer die Söhne ihre Väter im Plural anreden, sagt Helenus nach 𝔄 1641—43 *O roy de grant courage Qui es prudent et sage Entendez a mes ditz.* Im übrigen zeigt 𝔄 in dieser Rede regelrecht den Plural.

𝔇 dagegen schreibt 1642 *Qui estes prudent et sage* (Plussilbe), 1643 *Enten cy a mes ditz*, 1665 *Et cy verrez aussi*, 1668—9 *Chier pere je te prie Pence bien a cecy* u. s. w. 𝔅ℭ zeigen ebenfalls grösste Inkonsequenz. Nur ℭ zeigt in dieser Rede überall den Sing. (also z. B. 1642 *Qui es prudent et sage* = 𝔄; *Enten cy a mes ditz* = 𝔇; 1665 *Et sy verras aussy* u. s. w.). Es ist schwer zu entscheiden, ob hier 𝔄 oder ℭ beste Lesart bietet. Für 𝔄 spricht der Umstand, dass sonst die Söhne Priam nicht mit *toy* ansprechen. Man kann dabei aber für ℭ geltend machen, dass Helenus seinen Vater aufs eindringlichste von Streitigkeiten mit den Griechen abzumahnen sucht mit der Prophezeiung des sicheren Verderbens, in das der König rennt, und dass daher in dieser Rede der Sing. sehr wohl am Platze und vom Dichter mit guter Absicht gewählt sei. Gegen 𝔄 spricht die Inkonsequenz Vers 1642. Wenn man 𝔄 als beste Lesart ansetzt, so wird wohl 1642 *Qu'estes prudent et sage* [cf. 𝔇] zu lesen sein, also mit Verschleifung des *i*, indem man annimmt, dass, um die Verschleifung zu vermeiden, 𝔄 den Vers geändert hat.

175] Auch Verwechselungen in der Person finden sich vielfach unter den Varianten. 7440 giebt der Sinn den Hss. Recht, und *luy* ist an die Stelle von *nous* zu setzen. 13582, 13583 ist mit den Hss. *luy* und *la* statt *me* zu lesen, da Andromache wohl von sich selbst, aber wie von einer fremden Person spricht. — Fälschlich braucht 𝔇 die 2. Plur. statt der 1. Plur. 1667, 1724, 2014; umgekehrt die 1. Plur. statt der 2. Plur. 1256, 1462, 6161, 8266, 8644, 10196, 10750, (In diesen Fällen sind Lesefehler nicht ausgeschlossen.) — Verwechslung der Person beim Verbum findet sich 686, 1061, 1205, 2853, 5563, 7733, 8673, 9896.

176] Sehr viele Textentstellungen sind des Weiteren dadurch entstanden, dass 𝔇 für ein Verbum ein ganz fremdes einsetzt, wodurch sich der Sinn des Verses ändert, doch so, dass der Vers nicht sinnlos wird. Folgende Varianten mögen als Beispiele dienen: 1770 *Sy les verras entrer dedans* 𝔇 statt *Si les feras e. d.* 𝔄𝔅ℭ𝔈 — 7717 *Vous avez les manieres des dieux* 𝔅𝔇 statt *Vous ouez les manieres d. d.* 𝔄ℭ𝔈 — 7407 . . *je luy rendray Tant que j'auray povoir* 𝔇 statt *je luy aid(e)ray . . .* 𝔄𝔅ℭ𝔈. — Weitere Fälle finden sich 642, 830, 942, 3078, 4332, 7065, 8143, 8130, 8286, 8747, 8759, 8839, 8852, 9188, 9216, 9447, 9832, 9888, 9940, 10293, 10499, 11036, 11270, 12376, 12430, 13912, 14147.

177] Ungemein zahlreich sind schliesslich die Varianten, in denen sich die Änderung nicht auf ein Wort beschränkt, sondern sich auf eine Gruppe von Wörtern, ja oftmals auf den ganzen Vers erstreckt. Alle diese Fälle interessieren uns wenig, da sich der Grund für die Änderung nicht einsehen lässt; es wird in den meisten Fällen auch wohl kein Grund vorgelegen haben. Ich greife aus der grossen Zahl einige Beispiele heraus: 8967 *je vous promes et affie* 𝔄𝔅ℭ𝔈, *je vous prometz sur ma vie* 𝔇 — 9427 *Tant que j'auray en moy la vie* 𝔄ℭ . . . *au monde vie* 𝔇𝔈, — 6598 *Tant que j'aray langue en la bouche* 𝔄ℭ, . . . *langue ne bouche* 𝔅𝔇 — 3828 *je mettray moy et ma vie en adventure* 𝔄𝔅ℭ𝔈, *je mettray toute ma vie . . .* 𝔇 — 11640 *Et me baisez je vous emprie [supplie]* 𝔄ℭ; *Pardonnez moi . . .* 𝔅𝔇𝔈 — 7482 *En larisse au roy huppon . . .* 𝔄𝔅ℭ𝔈, *En la maison du roy huppon* 𝔇 — 12004 *il raura . . .] Sa fille et tout son lignage* 𝔄ℭ𝔈, *Ceulx que avez de son lignaige* 𝔅𝔇.

9555 *Ma voulenté se renouvelle* 𝔄𝔅ℭ𝔈, *M. v. je renouvelle* 𝔇 — *Et a au [ou] front une estincelle* 𝔄𝔅ℭ𝔈, *Et ou front est une e.* 𝔇 — 5810 *Celui de nous seroit peu sage* 𝔄𝔅ℭ𝔈, *Celui devons tenir p. s.* 𝔇 — 9889 *Passer s'en fault pour ceste fois* 𝔄ℭ𝔈, *On c'en passera ceste foiz* 𝔅𝔇 — 11839 *Qu'il n'y ait ne prince ne roy* 𝔄𝔅ℭ𝔈, *Que nous n'aions prince . . .* 𝔇 — 14220 *Si sont nos treves consignees [affermees]* 𝔄ℭ, *Si nous a triefves accordees* 𝔇𝔈. —

8221 *Et nul ne diroit le contraire* 𝔄𝔅ℭ𝔈, *Jamais ne ferions l. c.* 𝔇 — 6991 *Si est temps comme vous savez* 𝔄ℭ𝔈, *Il[z] sera temps quant vous voudres* 𝔅𝔇 — 10263 *. . . qui n'ont mie] A peine povoir de ferir* 𝔄𝔅ℭ, *A grant peine povoir de fouir* 𝔇𝔈 — 10559 *Si perirez dedens dix ans* 𝔄ℭ, *La cité perdrez ains dix ans* 𝔇 — 14174 *L'ame du corps si me tressault* 𝔄ℭ, *L'ame du corps dehors me sault* 𝔇 — 10496 *Car certes puis que tu es mort Mon dueil ne peult te prouffiter* 𝔄ℭ𝔈, *Tant soit foible, ne tant soit fort Mon deuil . . .* 𝔅𝔇.

178] Die Textentstellungen der *editio princeps*, die bisher zur Sprache gebracht sind, hatten — bis auf wenige Ausnahmen — keine eigentlichen Entstellungen des Sinnes zur Folge gehabt. Es gilt nun noch kurz wenigstens derjenigen Varianten Erwähnung zu thun, die sich als ganz offenkundige Fehler, durch die der Sinn des Verses meist völlig verloren gegangen ist, zu erkennen geben. Bei diesen Fällen ist jede Möglichkeit, dass wir es mit einer beabsichtigten Änderung zu thun haben, ausgeschlossen. Die Frage, wie diese Fehler in den Text gekommen sind, lässt sich nicht immer beantworten. In vielen Fällen haben wir es indes mit einfachen Druckfehlern, in anderen mit Lesefehlern[1]) zu thun. [Lese-

---

1) Die vielfachen Entstellungen der Eigennamen bei 𝔇 werden

fehler sind z. B. 7867 *regard* statt *renart: Et y a au milieu pourtraict Ung renart [regard* D] *de couleur perdue* — 11538 *regard* statt *regret* — 9522 *regret* statt *regard* — 11538 *Mais il vint une fortune jolie* statt . . . *forte pluye* — 10200 *Sy vueillez pour les rencontrer* statt *S. v. par les rencs entrer* [es folgt kein Nachsatz]. — Vielfach liegen auch Missverständnisse vor, namentlich bei allegorischen Erzählungen, Sentenzen und Erklärungen von Wappenemblemen. Viele Fehler von D sind schliesslich dadurch entstanden, dass Reimwörter verschiedener Verse mit einander vertauscht sind. Es finden sich direkt fehlerhafte Varianten 391, 433, 459, 629, 1182, 1985, 2591, 2884, 3762, 4880, 5968, 6125, 6241, 7124, 7508, 8676, 8986, 9677, 9911, 9922, 9993, 10477, 10651, 10381, 10932, 11175, 11520, 11549, 12816, 13700, 13987.

Metrisches.

179] Zu den sichersten Textentstellungen der *editio princeps* zählen endlich diejenigen Varianten, welche Vers- oder Strophenbau des Dramas zerstören. Ihre Besprechung möge unsere Untersuchung beschliessen.

Die Silbenzahl.[1])

180] Die Fehler, die D durch Plussilben in den Text gebracht hat, sind der Mehrzahl nach bereits in anderen Kapiteln zur Sprache gebracht. Noch nicht erwähnt sind die Verfälschungen, die durch Einfügen von syntaktisch überflüssigen Wörtern entstanden sind. Es handelt sich hier meist um das Einschieben von *dont* (z. B. 11920, 5440) — *cy* (12500) — *tres* oder *bien* (cf. 6308, 864, 1960) oder eines Adjektivs (z. B. 925, 6162, 9735).

181] Folgende Verse haben in D Plussilben aufzuweisen:

---

auch wohl in den meisten Fällen auf Lesefehler zurückzuführen sein. Nicht immer lässt sich bei Eigennamen die ursprüngliche Lesart feststellen; das gilt besonders von den Namen der Boten, Diener, Krieger etc., die sicherlich meist von Milet selbst gebildet sind (z. B. 13892 *Sedamis* 𝔄ℭ, *Theduis* 𝔅𝔇 — 13894 *Polibethes* 𝔄ℭℰ, *Politetes* 𝔇 — 13896 *Obthimethene[s]* 𝔄ℭ, *Othimenes* 𝔅𝔇 — 8679 *Arnons* 𝔄ℭ, *Derrons* 𝔅𝔇 — 13899 *Humeus* 𝔄, *Humaus* 𝔇, *Humerus* ℭ). Auch 𝔄 scheint nicht immer die originellen Namen zu zeigen, aber es ist anzunehmen, dass 𝔄 auch hierin dem Original am nächsten steht. Es ist auch in Betracht zu ziehen, dass sich in 𝔄 die Eigennamen gleich bleiben, während die anderen Hss. u. D bald die eine, bald die andere Form aufweisen.

1) Über die verschiedene Behandlung der Silbenwerte siehe die Lautlehre.

72, 121, 137, 261, 340, 448, 480, 642, 674, 741, 762, 830, 872, 937, 1156, 1216, 1343, 1420, 1550, 1570, 1619, 1626, 1630, 1785, 1805, 1960, 1993, 2925, 3077, 3765, 5416, 6162, 7065, 8475, 9243, 9356, 9368, 11960, 13901.

182] Zwei überschüssige Silben hat Vers 2518 in 𝔇, da *a mort* statt zweimal dreimal wiederholt ist (𝔇 hat nicht erkannt, dass *Legierement*, womit die Rede des Paris beginnt, mit dem Kriegsruf *A mort a mort* einen Vers bildet); ferner Vers 1647, 9257.

183] Auch die Textentstellungen, die auf dem Fehlen einer Silbe beruhen, sind bereits erwähnt bis auf die Fälle, wo 𝔇 ein syntaktisch oder dem Sinne nach entbehrliches Wörtchen auslässt. — Folgenden Versen fehlt in 𝔇 eine Silbe P 316, 212, 242, 366, 481, 979, 998, 1093, 1275, 1279, 1443, 1483, 1521, 1539, 1597, 1610, 1621, 1680, 1687, 1852, 2026, 2106, 2714, 2965, 5204, 7408, 10042, 10880, 12780.

184] Die vielen Verstösse gegen die richtige Silbenzahl lassen auch die, allerdings sehr seltenen Fälle, in denen 𝔇 den besten Hss. gegenüber die richtige Silbenzahl zeigt, hinsichtlich ihrer Ursprünglichkeit verdächtig erscheinen. 8234 haben 𝔄𝔅ℭ eine Plussilbe aufzuweisen. Der Passus lautet:

Et [d. h. *les dieux*] . . *veullent estre prouffitables*
834 *Et prosperes a leur voulenté* 𝔄𝔅ℭ
Et propres en leur voulenté 𝔈
Propices a leur voulenté 𝔇.

𝔇 und 𝔈 zeigen die richtige Silbenzahl, aber 𝔈 ist sinnlos und beruht zweifellos auf einer späteren Änderung, 𝔇 ist bedenklich wegen des fehlenden *Et*, das kaum zu entbehren ist. Der Vers ist nicht leicht umzugestalten, so dass wohl bereits das Original oder wenigstens die allen (von mir benutzten) Texten gemeinsame Vorlage den Fehler aufgewiesen haben wird.

In 2109 gehen alle Hss. 𝔄𝔅ℭ𝔈 zusammen; sie schreiben: *Qui a ung tel seroit comparee*, während 𝔇 *comparee* durch *donnee* ersetzt. Wahrscheinlicher als die Annahme, dass die allen Hss. gemeinsame Vorlage hier schon fehlerhaft gewesen sei, und dass das Reimwort von 2108 *paree* in 2109 *comparee* hervorgerufen habe, ist die, dass das *i* in *qui* hier verschliffen wurde, wenn auch diese Verschleifung meines Wissens nur noch 2945 𝔄ℭ vorliegt: *Qu'oncques furent edifiees*. (𝔅𝔇𝔈 schreiben hier: *Qui furent oncques edifiees*).

Auch Vers 14037 hat in 𝔄𝔅ℭ eine Plussilbe, während 𝔇 und 𝔈 einen korrekten Vers zeigen. 14037 *honorer Tant et si haultement eslever* 𝔄𝔅ℭ, *Par tant et si hault* 𝔇, *En tant* 𝔈.

Ich möchte auch diesen Fehler (𝔄𝔅ℭ) auf das Conto des Dichters setzen. Jedenfalls bieten 𝔇 und 𝔈 kaum die originelle Lesart, sondern nur eine nachträgliche Besserung ihrer Vorlage.

185] An dieser Stelle mögen auch gleich einige Fälle Erwähnung finden, wo ein Teil der Hss. (bes. 𝔄) mit 𝔇 zusammen fehlerhaft gebaute Verse zeigt. Zunächst ein Fall, (2962) wo 𝔈 isoliert steht und 𝔄𝔅ℭ𝔇 gegenüber die richtige Silbenzahl aufweist: (*Car c'est chose non comparee*) 2962 *Elle n'a metier d'estre paree De tappis* . . . 𝔈 schreibt statt *Elle*: *Et*. Die Stellung von 𝔈 im Handschriftenverhältnis lässt kaum die Annahme zu, dass 𝔈 die ursprüngliche Lesart bietet. Wahrscheinlicher ist wohl, dass hier *Et* statt *Elle* vom Dichter geschrieben ist, obgleich dies der einzige derartige Fall in dem untersuchten Teile des Dramas sein müsste.

In 287 zeigt allein 𝔅 die richtige Silbenzahl; 𝔄ℭ dagegen je eine, 𝔇𝔈 aber gar 3 Plussilben. Bei 𝔇𝔈 liegt ein offenbares Versehen vor, indem sie *regardez* wiederholen. Ohne diesen Fehler stützen 𝔇𝔈 durchaus 𝔅. Der Vers lautet in 𝔅: *Regardez sire ve les cy;* in 𝔇𝔈 *Regardez sire regardez veez les cy.* 𝔄ℭ schieben nach *Regardez* ein *cy* ein (und 𝔄 schreibt ausserdem noch statt *ve les cy*: *les vecy*.) Da 𝔅 durch 𝔇𝔈 und — im Schluss — von ℭ gestützt wird, so darf mit Wahrscheinlichkeit die Lesart 𝔅 als die ursprüngliche angesehen werden.

In Vers 832 (einem Zehnsilbler) hat ℭ allein die korrekte Silbenzahl aufzuweisen. 𝔄𝔈 und 𝔇 gehen hier zusammen. 𝔄𝔈𝔇 schreiben: *Se n'a il pas povoir de [pour 𝔇] nous [nous tous 𝔇] querroier [𝔅: Se n'auroit il pas pouvir d. n. g.]* ℭ dagegen schreibt: *S'il n'a pas povoir de nous guerroier.* Offenbar ist auch hier der Fehler auf das Original, oder doch wenigstens auf die gemeinsame Vorlage von 𝔄𝔅ℭ𝔇𝔈 zurückzuführen, und Lesart ℭ nur eine nachträgliche, wegen des vernachlässigten Reihenschlusses unzulässige Änderung.

Hiat.

186] Der Hiat zwischen Wortschluss und Wortanfang ist in der „Destruction" keine seltene Erscheinung; er findet sich nicht nur in den Fällen, die Becker besonders hervorhebt, d. h. da, wo heutzutage ein *t* eingeschoben ist nach Analogie zu *peut-il, doit-il, est-il*[1]). Aus der „Destruction"

---
1) Das von Becker angeführte Beispiel *En ce point sera il deceu* steht nicht Vers 10667, sondern 10669.

(T) führt Becker nur ein Beispiel dafür an, dass bei Milet der Hiat bei auslautendem tonlosen *e* ausnahmsweise gestattet sei. Es liessen sich aber unzählige Beispiele für die Duldung des Hiats anführen. Becker's Beispiel ist überdies unglücklich gewählt, da 641 zwar in 𝔇 einen Hiat zeigt, nicht aber im Original; denn wir haben mit 𝔄𝔅ℭ𝔈 zu lesen: *Qu'en ung roy eust telle rigeur* statt *Que ung roy* ... (𝔇).

187] Noch eine Reihe von Fällen ist anzuführen, wo erst 𝔇 einen Hiat in den Vers bringt. Diese Fälle sind dadurch entstanden, dass 𝔇 ein Wort auslässt (cf. 3800 *je ottroy* 𝔇 statt *ia t'ottroy* 𝔄𝔅ℭ), oder ein Wort durch ein anderes ersetzt, das weniger Silben zählt (cf. 942) oder ein konsonantisch auslautendes Wort durch ein vokalisch auslautendes ersetzt. (cf. 2937 *Comme il* 𝔇 statt *Comment il*). Analoge Fälle: 4891, 5183, 8748, 12684, 12284.

188] Weit zahlreicher aber sind die Fälle, wo 𝔇 einen von Milet geduldeten Hiat beseitigt. Zweifellos ist auch das mit voller Absicht geschehen. In den meisten Fällen hat 𝔇 den Hiat durch Einschub eines einsilbigen Wortes, das den Sinn des Verses unangetastet lässt, getilgt (z. B. *en* 9395 und 14039, *tous* 925, *cy* 12500, *tant* 4371), oder durch Ersetzen eines vokalisch anlautenden oder auslautenden Wortes durch ein konsonantisch an- resp. auslautendes Wort (z. B. *Ila endroit* lautet in 𝔇 *Illec endroit*, 3892 *jeune et* in 𝔇 *jeune si). Analoge Fälle: 130, 514, 1153, 1389, 3867, 3893, 5440, 6583. 6660, 8490, 10522, 10576, 10950, 13455.

Reim.[1])

189] Die Reimverletzungen, die sich 𝔇 hat zu Schulden kommen lassen, sind wenig zahlreich, so dass wenigstens in dieser Beziehung die Thätigkeit von 𝔇 nicht sehr zerstörend gewirkt hat. — Es finden sich folgende Reimfehler in 𝔇 (die zumteil bereits bei andrer Gelegenheit besprochen sind): 755 *navire* (statt *navie*): *Thaye* — *lignee* (statt *lignie*) : *ravie*: *mye* u. s. w. 3678, 4247, 5385, 5460 u. s. w.; *couardise* (statt *couardie*): *mocquerie* 10883; *doubtables* (statt *doubtees*): *d'espees* 834; *devant ma face* (statt *dedens ma sale*): *royalle* 894; *garde* (statt *charge*): *descharge* 1313; *l'estrive* (statt *l'escremie*): *mie*: *prie* 1415.

---

1) Über die Grammatik der Reime in der „Destruction" (T) cf. Becker, p. 11 ff.

Waisen.

190] Als reimlose Zeilen, die durch Hss. und 𝔇 verbürgt sind, begegnen uns nur die Verse 508, 2617—18 ¹). In den Hss. allein sind dagegen eine ganze Reihe von reimlosen Zeilen und zwar immer zu Beginn oder Schluss einer (meist kurzen) Rede. Diese Fälle lassen sich nur bei Reimpaaren antreffen; es fehlt zumeist eins von den beiden Gliedern des letzten Paares. In 𝔄𝔅ℭℰ ist Vers 3483 reimlos:

    3481 *Mon cher seigneur je suis tout prest*
      82 *Pour m'en aler sans plus d'arrest*
      83 *Faire vostre commandement.*

𝔇 fügt hinzu als 84: *Sans tarder icy nullement.* Der eingeschobene Vers ist, wie man sieht, für den Zusammenhang vollkommen überflüssig. Ganz analog sind folgende Fälle. Mathabrun's Worte 7594 ff zeigen das Schema: Bindezeile aa bb c. 𝔇 fügt ein c hinzu.

Achill spricht von 10428 ab drei Strophen (in Zehnsilbern) mit dem Schema: aabaabbbcbbc und eine halbe Strophe: aab aab. Dann folgen nach einer szenischen Anmerkung Achtsilbler mit dem Schema aabbc. Wieder fügt 𝔇 ein c hinzu (Vers 10475).

Die Rede des Ulixes 10298 besteht aus 6 Reimpaaren + einer Waise. 𝔇 schiebt vor der Waise eine Reimzeile zu ihr ein (als 10301). — Ein analoger Fall findet sich 11904: *Achill* aabb[c]c. — In 7365 fehlt in den Hss. ein Glied des ersten Paares; 𝔇 fügt es in den Text. Mathabrun a[a]bbcc. — Ähnlich 7726:

Reimwort 7724 ... *demandent* (Schluss einer 8-Zeile ababbcbc).

Diomedes *Agamenon vous dictes bien*
(7726 𝔇: *Je ne vous desdiray de rien*)
          Partons dont quant il vous plaira.

Ulixes   *C'est bien dit car nous avons ja*
          Este longtemps en ceste terre (-*erre* u. s. w. Reimpaare).

Etwas anders liegt der Fall 7621:

Mathabrun 7618 *Dedens deux jours je vous affy*
                Verres toute la baronnie (Schluss einer 8-Zeile:
                                          ababbcbc).

---

1) Nur ℭℰ beseitigen die Waisen 2617—18, indem sie statt *suivront: avant* schreiben *suivront: amont.* Ich halte 𝔄𝔅𝔇 für ursprüngliche Lesart, weil 𝔄 und 𝔇 zusammengehn.

Priam   *Tu as bien ta charge accomplie* (Bindezeile)
(7621 BD: *Et parfaicte dilligement*)
           Il me souffit pour le present (Waise)
(Es folgt 12-Zeile aabaabbbcbbc auf -*on*, -*ie*, -*ir*.)

191] Alle diese Fälle können nicht aus Versehen in der den Hss. gemeinsamen Vorlage entstanden sein. Dagegen spricht einmal die Analogie der Fälle, dann der Umstand, dass die von D (B) eingeschobenen Verse syntaktisch durchaus entbehrlich sind. Wir haben vielmehr anzunehmen, dass Milet selbst diese Zeilen reimlos belassen hat. D — Fall 7621 die BD gemeinsame Vorlage — hat dann entweder die Verse selbständig eingeschoben (was für mich die grössere Wahrscheinlichkeit hat), oder beruht auf einem von Milet selbst überarbeiteten Exemplare.

192] Wenn umgekehrt in BD durch das Fehlen von Vers 10070a ein Waise geschaffen ist, so liegt hier offenbar nur ein Versehen vor, da ohne 70a Vers 71 unverständlich ist:
[70a *Or avant frappez hardiment*]
71   *Si nous deffendons plainement.*

Bindezeilen und Reimpaare.

193] Bindezeilen, d. h. Zeilen, welche den Abschluss oder Anfang einer strophischen Partie mit einer Rede in Reimpaaren durch den Reim miteinander verbinden, finden sich ungemein häufig in der „Destruction" (z. B. 497, 547, 669, 751, 775a, 836, 919, 928, 939, 948—9, 958, 1001, 1026—7, 1052, 10753, 1753, 1996, 2063, 2088, 2101, 2122, 2139, 2398, 2610, 2619 u. s. w.). Bis auf einen Fall hat D die Bindezeilen unangetastet gelassen: Vers 13665. Die Bindezeile, die sich hier ausnahmsweise mitten in einer Rede — allerdings nach einer „pausa" — findet, ist von D nicht erkannt. In dem vorliegenden Schema: $a_1 a_2$ (pausa) a_3 bbccdd schien ein a überflüssig, weshalb D a_2 (13664a), das einen syntaktisch entbehrlichen Vers bietet, unterdrückte.

194] Eine Verletzung von **Reimpaaren** — dieselben sind von Milet sehr häufig, doch fast ausschliesslich im Dialog angewandt, — findet in D nicht statt. Nur zwei Verse mit paarweiser Bindung, welche dem Zusammenhange nach entbehrlich schienen, sind von D nach 3611 fortgelassen.

Strophische Gebilde.

195] Komplizierte strophische Gebilde sind in der „Destruction" nur selten anzutreffen; in dieser Beziehung kann sich unser Drama nicht im entferntesten mit Arnould Greban's „Passion" messen. Der Achtsilbler, der von Milet für den einfachen Gesprächston fast ausschliesslich verwandt ist, tritt nur in Reimpaaren oder in Strophen auf, die das Schema ababbcbc zeigen. Dies Schema ist auch dann verwandt, wenn Achtsilbler und Viersilbler mit einander wechseln. Alle anderen Versarten dagegen sind nur in Strophen eingekleidet mit dem Schema aabaabbbcbbc: die Zehnsilbler, die häufig — besonders in den Reden bejahrter Helden — auftreten, die sehr seltenen Vier-, Fünf- und Sechssilbler. An einer einzigen Stelle (3365—3400) wechseln Dreisilbler mit Siebensilblern, und auch diese sind zu Strophen mit dem Reimschema $a_7 a_3 b_7 a_7 a_3 b_7 b_7 b_3 c_7 b_7 b_3 c_7$ vereinigt.

196] Das Strophenschema ababbcbc ist in 𝔇 des öfteren durch Auslassen eines Verses, zerstört worden; 2167a: abab[b]cbc — 13115a: abab[b]cbc — 2180a: ab[a]bbcbc. Da in diesen Fällen der Zusammenhang nicht gelitten hat, so schien die ausgelassene Zeile wohl 𝔇 überflüssig zu sein. — Etwas anders liegt der Fall 6986a: ababbc[b]c.

	𝔄𝔅ℭ		𝔇
6984	En vous faisant obeissance		En vous faisant obeissance
5	Voulons faire vostre plaisir		D'icy nous nous voulons partir
6	Et voulons a vostre ordonnance		Car a vous voulons obëyr
6a	De tout nostre cuer obüir.		

Hier scheint 𝔇 an der übertriebenen Ausdrucksweise direkt Anstoss genommen und deshalb die drei letzten Zeilen der Strophe zu zweien zusammengezogen zu haben.

197] Auch das kompliziertere Schema aabaabbbcbbc ist mehrfach in 𝔇 verderbt worden. So fehlt in den Strophen 1266—75, 6733—43, 13936-46 je eine Zeile und zwar jedesmal eins der Mittelglieder bbb. Auch in diesen Fällen ist der Sinn entweder gewahrt geblieben oder in 13942a durch anderweitige Änderungen wiederhergestellt worden.

13942	*Se m'est bien advis que mieulx vaille*	b_2
42a	*Que cest besogne cy on baille*	b_3
43	*A aucun autre aussi [assez 𝔅ℭℰ] puissant* 𝔄𝔅ℭℰ.	
13942	*Si m'est advis que mieulx y vaille*	b_2
	Aucun aultre assez puissant. 𝔇	c

198] An zwei Stellen ist dasselbe Schema in 𝔇 (𝔅) durch Fortlassen der zwei Schlussverse zerstört, nämlich von 8748a und b (*Et tres bien dire vous porres Que c'est tout par force de guerre*) und 538a und b (*Bien suis gardé se c'est par vostre garde Pour exione veuil ce fait entreprendre*). In dem letzteren Falle hat das Fortlassen der beiden letzten Verse noch die Variante 538: *entreprendre* (𝔅ℭ𝔇𝔈) statt *icy prendre* (𝔄) hervorgerufen. Hieraus lässt sich ersehen, dass wir es mit einem blossen Versehen zu thun haben. Anthenors Rede 509 bis 538b besteht aus vier achtzeiligen Strophen (die durch Zehnsilbler gebildet werden). Der letzte Vers jeder Strophe bildet den Refrain *Pour Exione veul ce fait entreprendre*. Da nun Vers 538 (ababbcbc) ähnlich lautet wie die Refrainzeile, nämlich *Car pour aultruy veul ce fait icy prendre*, so haben wahrscheinlich 𝔅ℭ𝔇𝔈 Vers 538 als Refrainzeile angesehen (in diesen Texten lautet 538: *Car pour aultruy veil ce fait entreprendre*) und daher 538a und b unabsichtlich fortgelassen.

199] In 2 weiteren Fällen hat das Schema ababbcbc noch grössere Entstellungen erfahren. Von Vers 6713 ab giebt Priam Mathabrun den Befehl, die befreundeten Fürsten zu Hülfe zu rufen. Seine Rede besteht aus zwei Strophen der Form: ababbcbc. Dann folgen die beiden Verse: *Or alez bien dilligemment* (a). *Et faictes bonne diligence* (b). (𝔇 *Or t'en va bien hastivement, Et sy faiz bonne diligence*). Hier bricht ℭ ab. In 𝔅𝔇𝔈 wird die Strophe bis zur Hälfte fortgeführt:
Mathabrun *Sire a vo [vostre 𝔇] commandement* a
  Partiray de vostre presence. b
Nur in 𝔄 ist die Strophe vollständig; es folgen noch bcbc:
  Or est il temps que je m'avance
  De dilligemment m'en aler
  Et que mon chemin je commence
  Sans plus longuement demourer.

𝔄 bietet hier — ob die Hs. gleich isoliert steht — zweifelsohne die ursprüngliche Lesart. Ganz abgesehen davon, dass dies die einzige Stelle wäre, wo 𝔄 eine Interpolation aufzuweisen hätte, spricht für 𝔄 einmal der Umstand, dass die Boten regelmässig Bemerkungen über ihre Reise machen, andrerseits, dass sich wenigstens im 1. Teil der „Destruction" keine weiteren unvollständigen Strophen belegen lassen.

200] Auch in dem anderen Falle 9817—23 hat 𝔄 allein das Schema ababbcbc vollständig bewahrt, während 𝔇, 𝔈, 𝔅ℭ individuelle Entstellungen zeigen.

	𝔄	𝔇	𝔈
9817	Cicheus dictes aulx seigneurs	Cycheus dites aux seigneurs	Cicheus dites aux es guetes
18	Qu'on face trompettes corner	Petis moyens haulx et greigneurs	
19	Et le dictes aulx plus greigneurs	Qu'ilz facent trompettes sonner	Qu'ilz facent sonner les trompettes

20	Car il est heure d'assembler	Car il est heure d'assambler	Car il est heure d'assembler
20a	Mon ost et qu'on face trambler		
21	Tambours macaires et claircns	Tambours macaires et clairons	Tambours macaires et clairons
22	Pour la bataille commencer	Car maintenant nous partirons	Car maintenant nous partirons
23	Car maintenant nous partirons	Pour la bataille commencer	Pour la bataille commencer

𝕭ℭ gehen in 9817 mit 𝔄𝔇 zusammen; im übrigen zeigen sie Lesart ℭ. — Auf diese Worte des Agamenon folgt die Antwort des Cicheus 9824—28, und zwar die Bindezeile *Sire je les voy avancer* und zwei weitere Reimpaare. Wir haben also in 𝔄 das Reimschema ab ab bc bc, in 𝔇 und ℭ aa bb cc d [+d]. 𝔅ℭ zeigen überhaupt kein klares Schema. — Auch hier hat 𝔄 den richtigen Text, da die voraufgehenden Reden des Agamenon und Menelaus und die folgenden des Patroclus und Achill sämtlich das Schema ab ab bc bc zeigen, ausserdem auch 𝔄 in 9817 von 𝔅ℭ𝔇 gestützt wird, während ℭ ganz isoliert dasteht. Der Grund für die Änderung scheint mir darin zu liegen, dass 𝔅ℭ𝔇ℭ in Vers 9824 eine reimlose Zeile erblickten. Um dieser scheinbar reimlosen Zeile einen Reim zu verschaffen, stellten sie Vers 9822 und 23 um, was ohne Weiteres, ohne Entstellung des Sinnes geschehen konnte. Damit aber war das Schema ab ab bc bc zerstört. Da 𝔅ℭ𝔇ℭ durch die Umstellung in der 2. Hälfte der Rede Reimpaare hergestellt hatten, so führten 𝔇ℭ nun auch für die ganze Rede Reimpaare durch, indem 𝔇 9820a und ℭ(𝔅ℭ) 9818 fortliess, und jeder einige sonstige kleine Änderungen vornahm.

Fehlen grösserer Partieen.

201] Wiederholt finden wir in 𝔄ℭ Strophen, die in 𝔇 (𝔅ℭ) ohne ersichtlichen Grund gänzlich fehlen. So fehlen die Verse 6783 a—h ($a_8 b_4 a_8 b_4 b_8 a_4 b_8 a_4$), die eine der vier Strophen der Rede des Diomedes ausmachen. Da der Zusammenhang unter der Auslassung nicht leidet, so mochte 𝔇𝔅ℭ die Strophe überflüssig erscheinen. Dasselbe gilt von 7239 a—m, einer der drei Strophen, die Calchas an Apollo richtet. Sie wird ebenfalls von 𝔅𝔇ℭ unterdrückt. Schon die grosse Breite, mit der die Opferhandlungen des Achill und Patroclus dargestellt sind — dieselben umfassen die Verse 7045—7161 — macht es wahrscheinlich, dass die Rede des Calchas den Umfang gehabt hat, den sie in 𝔄ℭ zeigt.

202] Als gänzlich unbegründete Text-Verderbniss ist das

Fehlen der Verse 10251a—h aufzufassen. Die Verse enthalten eine Rede des Troillus, die derselbe hält, als er dem von Eneas niedergeworfenen Thoas völlig den Garaus machen will. An diese Worte knüpft die Abmahnung Hector's an, der Troillus von seinem Vorhaben abzubringen sucht. Troillus würde also [nach 𝔇] seinem Vorhaben nur mimisch Ausdruck verleihen (wie dies allerdings ein in 𝔇 vorhandener Theatervermerk verlangt: *Alors Troillus vouldra tuer de son espee Thoas mais hector le gardera en disant* . . .). Doch findet sich ein derartiges stummes Spiel nirgendwo sonst in unserem Drama.

203] Die Neigung, den Text thunlichst zu kürzen, tritt noch hervor in der Tilgung der Verse 10584a—d. Sie enthalten die Meldung des Forcipus, dass er Priams Weisung (des Amphibilans Leichnam zu begraben) ausgeführt habe, sowie Priams Antwort: *C'est bien fait, j'en suis bien content.* Die Stelle ist im Sinne Milet's unentbehrlich, weil die Boten und Diener bei ihm jedesmal, wenn sie einem Befehl nachgekommen sind, darüber Rapport erstatten.

204] In einem einzigen Falle ersetzt 𝔇 eine Strophe des Originals durch eine neue. Die aus 8 achtzeiligen Strophen bestehende Rede des Troillus (12314—77) bekommt aber dadurch, sowie durch die gleichzeitige Umstellung zweier Strophen ein ganz anderes Aussehen. Nach den Texten 𝔄ℭ (die bis auf Kleinigkeiten zusammengehen) hat nämlich 𝔇 die dritte und vierte Strophe umgestellt, die Verse 12346—51 als fünfte Strophe hinzugefügt und dafür hinter der sechsten (d. h. hinter 12361) folgende 8 Verse ausgelassen:

> Je vieng a vous ma doulce amie
> Rempli de couroux et de pleur
> Si est raison que je vous die
> De quoy me vient ceste douleur
> Qui me fait entrer en langeur
> Innumerable et sans mesure
> Tant se mue eur et malheur
> Nul ne scet sa male adventure.

Einen Grund der Änderung vermag ich nicht zu erkennen, es sei denn, dass 𝔇 die Verse 12338-45, welche lauten:

> Helas quant en la guerre estoie
> Toute ma force me doubloit
> Quant a vostre corps je pensoie
> Et de vous il me souvenoit. u. s. w.

als direkte Anrede des Troillus an Brisaida aufgefasst haben wollte und aus dem Grunde die Strophe, welche beginnt: *Or vueil je aler devers la belle*, verstellte. — ℭ geht, wie bereits erwähnt mit 𝔄; 𝔅 zeigt die Reihenfolge der Strophen wie

𝔄ℭ, entbehrt aber sowohl die Strophe, welche 𝔇, wie die, welche 𝔄ℭ eigentümlich ist. ℭ hingegen hat neun Strophen, d. h. zeigt sowohl Vers 12346—53, als auch 12361a - d. Die Reihenfolge der Strophen in ℭ ist dieselbe, wie in 𝔄, die 𝔇 eigentümliche Strophe bildet die vierte Strophe, steht also zwischen Strophe 4 und 3 von 𝔇. — Auch die den Worten des Troillus folgende Rede der Brisaida ist in 𝔇 stark entstellt, indem in diesem Texte 2 Strophen: 12385a—h und 12409a—h gänzlich fehlen.

Rondel.

205] Milet hat sein Drama mit einer ganzen Reihe von Rondels ausgestattet; doch begegnen nur Triolets[1]) (mit dem Refrain AB) und 16-zeilige Rondels[2]) (mit dem Refrain ABBA). Auch verwendet der Dichter in seinen Rondels nur Achtsilbler.

206] Die Hss., zum wenigsten 𝔄, überliefern uns durchweg korrekt gebaute Rondels. Nur zwei Freiheiten scheint sich Milet selbst erlaubt zu haben. Im regelrecht gebauten Rondel muss a_1, die Nachbildung der ersten Refrainzeile A_1, ein anderes Reimwort zeigen als die Refrainzeile. Diese Regel scheint 7221 verletzt: hier zeigen 𝔄𝔅ℭ *Or abregiez je vous em prie* (A 7217 lautet: *Attendez nous je vous em prie*). Nur ℭ𝔇 schreiben 7221 statt *em prie: supplie*, das sich zur Not einsetzen liesse, ebenso gut aber als eine nachträgliche Änderung von 𝔇ℭ angesehen werden kann, um so mehr, als in 𝔅𝔇ℭ das Rondel gänzlich zerstört ist (vgl. § 210). — Die gleiche Unregelmässigkeit zeigt das Rondel 6972—79 hinsichtlich des Reimworts der sechsten Zeile b (6977), das identisch ist mit dem der zweiten Refrainzeile B (6973). Die Lesarten gehen sehr auseinander. 𝔄 bietet:

Achiles.
6972 Patroclus frere[3]) c'est bien dit   A
73   Je suis vostre[4]) a tousjours mais   B
74   En fait en vouloir[5]) et en dit   a

---

1) Triolets finden sich: 539, 950, 1234, 1896, 1988, 2055, 2482, 2716, 2724, 3098, 6134, 6972, 7205, 7300, 7888, 10015, 11261, 11271, 11417, 11641, 11906, 12679, 12971.
2) Sechszehnzeilige Rondels finden sich: 7213, 7217, 10183, 10929, 12345, 12614, 13129.
3) *sire* 𝔇.
4) *le vostre a tout jamais* 𝔇, *le vostre tous jamais* 𝔅, *tout vostre a jamais* ℭℭ.
5) *En vouloir en fait* 𝔇, *En ceur en vouloir* ℭ.

Patroclus.
6975 Achiles frere¹) c'est bien dit A
Achiles.
76 En nous deux n'ara qu'un edit a
Patroclus.
77 Et moy vostre²) a tousjours mais b
Achiles.
78 Patroclus frere³) c'est bien dit A
79 Je suis vostre⁴) a tousjours mais B

6973 (B) ist in 𝔅ℭ𝔇𝔈 jedenfalls verderbt. Die Refrainzeile B hat zweifellos *Je suis vostre a tousjours mais* gelautet, da 𝔇 6979 zu 𝔄 tritt.

In demselben Rondel hat sich, wie man sieht, Milet noch eine umgekehrte Freiheit erlaubt, indem er die Regel, dass wiederaufgenommene Refrainzeilen ganz gleich gebaut sein müssen, 6975 bewusst verletzt.

207] Ausser dem bereits angeführten Rondel 7217 hat 𝔇 noch vielfach Rondels zerstört. a_1 und a_2 (die Nachbildungen der ersten Refrainzeile) müssen immer verschiedene Verse sein. 1236 (a_1) und 1238 (a_2) sind aber in 𝔇 ganz gleich, da in 𝔇 1238 lautet: *Alons nous en sans plus parler* statt *Partons d'icy sans arrester* 𝔄ℭ.

208] Durch Auslassen von Versen verstümmelt ist das Rondel 7839. Es fehlen in 𝔅𝔇 die eingeklammerten Verse: A(B)a(A)(a)b(A)B. Da das Rondel von Reimpaaren eingeschlossen ist, suchten 𝔅𝔇 durch ihre Auslassungen offenbar auch das Rondel zu Reimpaaren umzugestalten. (B reimt mit der Bindezeile 7842).

209] Mehrfach ist in 𝔇 die Rondelform auch durch Einschub von Pluszeilen verletzt. Das Rondel 3098 hat in ℭ𝔇𝔈 die Form: ABaA**B**abAB bekommen.

	𝔄	ℭ𝔇𝔈
	Priam	Priam
3098	Seigneurs il est dore en avant	Seigneurs il est dorenavant
99	Temps de retraire en sa maison	Temps de retraire en sa maison
	Paris	Paris
3100	Nous en irons nous deux devant	Nous en irons nous deux devant
	Priam	Priam
1	Seigneurs il est dore en avant	Seigneurs il est dorenavant
2	Temps de retraire maintenant	Temps de retraire en sa maison

---

1) *sire* 𝔇.
2) *le vostre* 𝔇.
3) *sire* 𝔇.
4) *tout vostre a jamais* 𝔅ℭ𝔈.

	3103 Je vous mercie du plaisir grant
3104 Car de disner il est saison.	4 Que vous m'avez fait, c'est raison.
Anthenor	Anthenor
5 Seigneurs il est dore en avant	5 Seigneurs il est dorenavant
6 Temps de retraire en sa maison.	6 Temps de retraire en sa maison.

Es ist klar, dass 3102 (B) in der Lesart 𝔄 beibehalten werden muss, und ℭ𝔇ℭ nur wegen des identischen Anfangs die Zeile 3099 hier wiederholt haben. Dieser erste Fehler veranlasste sie, 3103 und 3104 aus eigener Phantasie hinzuzudichten.

Ganz willkürlich ist auch die Änderung, die 𝔇 mit dem Rondel 12679—87 vorgenommen hat. 𝔇 ändert das Reimwort in B_1 (12680), wohl weil ihm *bien trouvee* anstössig erschien. Um für das von ihm eingesetzte *bien venue* eine Reimverbindung zu gewinnen, schob er nun nach 12682 einen neuen Vers ein. Da er 12685 den Reim -*ee* nicht ohne weiteres beseitigen konnte, so liess er 12687 das zuvor beanstandete *bien trouvee* unangetastet. Auf diese Weise erhielt das Rondel in 𝔇 folgendes Aussehen:

	Agamenon		
12679	Brisaida ma belle amie	A	
	Vous soiez la tres bien venue	c	(*statt* trouvee B)
	Brisaida		
81	Chier seigneur je vous remercie	a	
	Agamenon		
	Brisaida ma belle amie	A	
(83	Joyeux suis de vostre venue	c)	
	Or sa ne vous desplaise mie	a	
	De ce que je vous ay mandee	b	
86	Brisaida ma belle amie	A	
	Vous soiez la tres bien trouvee	B	

Auch das 8-zeilige Rondel 12971 ist durch Einschub des Verses *Jusques vous soyes retourné* (12977) zerstört. Statt ABaAabAB zeigt 𝔇 das Schema ABaAab*b*AB.

210] Von den sieben 16-zeiligen Rondels des 1. Teils der „Destruction" sind von 𝔇 drei völlig zertrümmert. Die Verse 7205—24 d bilden drei Rondels; das erste ist ein 8-zeiliges, die beiden folgenden sind 16-zeilige. Das erste Rondel ist von 𝔅𝔇 bewahrt worden, die beiden 16-zeiligen dagegen sind verloren gegangen. 𝔇 lässt vom ersten Rondel nur die ersten Refrainzeilen AB BA bestehen, vom zweiten acht Verse: ABABabba. Da nun in beiden Rondels dieselben Reime wiederkehren, nämlich -*ie*, -*ons*, so erhält 𝔇 folgendes Strophenschema: $a_1 bba_2 a_3 bba_4 a_5 bba_6$. Nun reimt a_1 (7213) mit der letzten Zeile des vorausgehenden 8-zeiligen

Rondels (*em prie*: *partie*). Nach Abtrennung von a_1 (als Bindezeile) und von a_6 (als Waise) erhalten wir also fünf Reimpaare. So ist hier deutlich zu erkennen, dass 𝔇 mit voller Absicht geändert hat. (𝔅 lässt das erste Rondel ganz beiseite und behält vom zweiten nur die Nachbildung und Wiederaufnahme des ganzen Refrains bei [abba ABBA]; so sind ebenfalls bei 𝔅 Reimpaare übrig geblieben. Auch in 𝔈 ist das zweite Rondel zerstört, und zwar durch Fortlassen der Verse 7220a und b).

Das 16-zeilige Rondel 11345—60 endlich ist von 𝔇 zertrümmert, ohne dass an die Stelle des Rondels eine andere regelrechte Strophenform getreten wäre. In 𝔇 haben die Verse 11347—50 und 11353—56 ihren Platz vertauscht, also an Stelle der Form AB *BAab* AB *abba* AB BA ist die Form AB *abba* AB *BAab* ABBA getreten. In diesem Falle wird ein einfaches Versehen von 𝔇 vorliegen.

Thesen.

1. Die Beobachtung der Congruenzverhältnisse des Part. Praet. in aktivischer Construction bietet ein Hülfsmittel zur Altersbestimmung altfranzösischer Texte.

2. Petit de Julleville's Behauptung, J. Milet's „Destruction de Troye" sei des behandelten Stoffes wegen nicht aufgeführt (Les Mystères II), ist zurückzuweisen.

3. Bei Aufführungen shakespeare'scher Dramen ist eine Verschmelzung der Bühnentechnik der elisabethanischen Zeit mit der modernen Technik erforderlich.

4. Zur Erzielung einer korrekten Aussprache sind die wichtigsten theoretischen Regeln über Lautbildung dem Schüler einzuprägen.

Lebenslauf.

Am 13. August 1873 wurde ich, Gustav Häpke, als ältester Sohn des Lehrers der Naturwissenschaften Dr. Ludwig Häpke und seiner Ehegattin Marie, geb. Bauer, in Bremen geboren. Ich gehöre der evangelisch-lutherischen Confession an. Meine Schulbildung erhielt ich auf dem Gymnasium meiner Vaterstadt, das ich Michaelis 1892 mit dem Zeugnis der Reife verliess. Von diesem Zeitpunkte an bis Ostern 1897 widmete ich mich in Marburg, Berlin, Paris und Greifswald dem Studium der neueren Sprachen und des Deutschen. Im Sommer 1895 war ich Hauslehrer der 3 Söhne des Conte de Sartiges auf Château Perthuis bei Montargis (Loiret). Das Examen rigorosum bestand ich am 31. März 1897.

Meine akademischen Lehrer waren die Herren Professoren und Dozenten: Bergmann, Busse, Cohen, Dietrich, Konrath, Köster, Lange, Larroumet, Lasson, Norden, G. Paris, Rehmke, Reifferscheid, Schröder, Schuppe, Simmel, Stengel, Tobler, Vietor, Wrede, Zupitza (†).

Ihnen allen fühle ich mich zu stetem Danke verpflichtet. Herrn Prof. Stengel insbesondere sei für seine wohlwollende Unterstützung bei vorstehender Arbeit auch an dieser Stelle mein aufrichtigster Dank ausgesprochen.